ここが一番おもしろい！

三国志
謎の収集

島崎

青春出版社

はじめに

令和元年（2019）は関羽の死から1800年、令和2年は曹操の死から1800年にあたる。それに合わせたわけではないだろうが、東京国立博物館では「特別展　三国志」が開催され、多くの人が訪れた。

同展で最大の目玉は近年発見された曹操の墓から出土した副葬品の数々だが、他にも海外へ持ち出されるのは今回が初めての物が多く、三国志ファンならずとも十分楽しめる内容だった。

三国志が盛り上がっているのは同展だけではない。昨今、テレビ、雑誌などメディアで三国志を取り上げる機会がより一層増えているようだ。本書はそういう状況のなかでの一冊となるわけだが、多くの読書の心をつかめると信じている。序章は三国志全体の流れを概説した部分なので、ツウを自認する読者は1章から読み始めてもらって構わない。

1章以降に記した内容は、三国志の醍醐味である当時の戦争や武器、兵法などの現実について、三国志にまつわる謎の追究という視点からアプローチした。これは、プロの研究者が苦手というか、どちらかといえば避けたがる分野である。

そうかと言って、あまりに突拍子もない説を打ち出したつもりはなく、あくまで歴史書の『三国志』の熟読と合理的な思考を重ねて導き出した推察に拠っている。当然ながら、『三国志』の著者が置かれた状況も考慮に入れた。

三国志には地名や官職が数多く出てくるが、それらについてはできるだけ現在のどの地域、現在のどういう職にあたるかも一言を入れた。人名に関しては、誰もが実名と通称である字《あざな》の二つを有しているが、混乱を避けるため、本書では極力、字を避けたので諸葛亮を孔明とすることはなく、あくまで諸葛亮で通している。

三国志は何度読み返しても面白く、その都度新たな発見もあれば疑問点も浮かぶ。読み物としては小説の『三国志演義』を支持する読者が多いかもしれないが、筆者は歴史書の『三国志』のほうに軍配をあげたい。小説が俗受けを狙ったものであるのに対し、歴史書はそれなりの偏向を含みながら、後世の鑑として書かれたものだからだ。

本書を読んで面白い、この謎も解いてほしいとの声が多くあれば、読者諸子に忌憚のない意見を寄せてもらえれば幸いである。もちろん、この論旨はおかしいといった指摘も大歓迎である。本書を通じて三国志を愛読する人の輪が広がればこれ以上の幸せはない。

２０１９年10月

島崎晋

ここが一番おもしろい！　三国志　謎の収集

序章　通史でわかる三国時代　11

一章　魏・呉・蜀の謎　55

二章　あの英雄の謎　95

三章　戦場と兵器の謎

四章 地理・経済・地政学で辿る謎 181

五章 あの事件の謎 203

序章
通史でわかる三国時代

魏を正統とする「正史」と蜀が正義に描かれる「演義」の特徴とは

三国志の時代とは狭い意味では魏王朝が成立した220年から西晋が天下統一を果たした280年まで、広い意味では黄巾の乱が起きた184年から280年までをさす。

そして三国志は大きく分けて二つある。一つは西晋（265～317年）に仕えた陳寿（233～297年）著の歴史書『三国志』で、これは司馬遷の『史記』や班固撰の『漢書』と同じく、正史（王朝公認の歴史書）として扱われている。もう一つは元末明初の羅貫中（1330～1400年頃）が著わした小説『三国志演義』で、日本人にもお馴染みの三国志はほとんど後者に拠っている。

しかし、正史の『三国志』という場合、陳寿の記述では簡潔にすぎることから、南北朝時代南朝の宋（劉宋。420～479年）に仕えた裴松之（372～451年）が異説や210種にも及ぶ書物から異聞や言及されていない逸話を引用した詳細な注を加え、今日では裴松之の注を含めたものを正史の『三国志』と呼ぶことが一般化している。

陳寿は益州（現在の四川省東半と雲南省及び貴州省の一部）の出身ではあるが、西晋に仕えた関係上、後漢から魏、魏から西晋への禅譲と称される政権移譲を正統とする歴史観に立たざるをえず、曹操の伝を「武帝紀」としながら、孫権の伝は「呉主伝」、劉備の伝は「先主伝」としなければならなかった。「魏書」「蜀書」「呉書」の三部構成ながら、皇帝の伝である本紀が「魏書」にしかないのも同じ理由による。

また劉備・劉禅二代の政権が「蜀」と称したことはなく、それはあくまで曹氏の魏政権（曹魏）側がつけた呼称にすぎない。同様に劉備・劉禅陣営が「蜀」と記された旗を掲げたこともなく、旗に記された文字は「漢」か「劉」のどちらかで、前線の大将旗は「諸葛」「姜」などであった。

そのため歴史学の世界では劉備の築いた王朝は前漢・後漢と区別するため、蜀漢ないしは季漢（季は末っ子の意）、曹操・曹丕の築いた魏を南北朝時代のそれと区別して曹魏、孫権の築いた呉も同じように孫呉ないしは東呉と呼ぶことが一般化しているので、本書でもそれに倣った。

曹魏を正統とする歴史観はその後も継承されるが、北宋（960〜1126年）の時代に儒学の革新が起こるなか、朱子学の大成者として知られる朱熹（1130〜1200年）が劉備の蜀漢政権を正統とする歴史観を打ち出すに及んで、歴史観に大転換が生じた。

北宋の時代は社会の変革期で、商業都市の誕生に伴い、都市文化が発達。講談や演劇が大衆の人気を集めるなか、三国志を題材にしながら、朱熹の歴史観に立った演目が数多く創作されることとなった。そこでの主役は関羽や諸葛亮など劉備を支えた人物ばかり。曹操は悪役、周瑜は諸葛亮の引き立て役として扱われることが一般化した。

北宋は科挙制度が完成した時期でもあり、惜しくも合格を逃しても、代書屋として生計を立てることが可能で、なかには小説家として大成する者もいた。羅貫中もそのなかの一人で、すでにあった講談・演劇の脚本や台本を巧みにまとめ上げ、俗受けする読み物として完成させた作品が『三国志演義』だった。先行作品として『全相三国志平話』という読み物もあったが、内容が荒唐無稽、かつ粗削りにすぎて、科挙の受験経験者には読むに堪えない代物だった。それを反面教師としただけあって、羅貫中の『三国志演義』は蜀漢政権を贔屓にしながら、講談特有の味わいも残しつつ、幅広い層に受け入れられる作品に仕上がったのだった。

ただし、劉備が模範的な聖人君子で、諸葛亮が奇門遁甲などの方術をも操り、街亭の戦いと陳倉城攻略、五丈原の戦いを除いてはことごとく采配が決まる完全無欠な軍師として描かれているところなどは贔屓の引き倒しになった感が否めない。

三国時代の前奏曲となった黄巾の乱（166～184年）

漢王朝は間に「新」という短命の王朝を挟んで、前漢と後漢に分けられ、三国志の舞台となる時代は後漢の末に始まる。

三国志を扱う際には、184年の黄巾の乱が始まりとされることが多い。この大反乱が三国時代の前奏曲であることは間違いないが、黄巾の乱にもまた前奏曲がある。朝廷の腐敗と機能不全がそれである。

典型的な腐敗としては、賄賂やコネを使っての昇進、責任追及を逃れるために自然災害や反乱の勃発を中央に報告しない地方官の怠慢なども挙げられるが、もっとも象徴的なのは霊帝（在位168～189年）の代に財政難の解決策として実施された官爵の大売り出しで、元手がなくても借金をして然るべき官職につけば、一年足らずで倍額返済もできたことから希望者が後を絶たず、曹操の父曹嵩も半年足らずで辞職したとはいえ、国家予算規模の大金をはたいて中央の最高官である三公の筆頭、太尉（国防大臣）の官職を購入している。

銭で手に入れた三公や爵位ともなればさすがに実務を伴わず、名誉欲を満たすだけであったが、それ以下の官職で実務を伴う場合、賄賂か心づけか判別のつけがたいグレーゾーンの金銭を懐に収めることができた。裁判を司る者であれば、その金額次第で量刑も変えれば白黒も変える。清廉な役人でも2年も地方官を務めれば富豪になれるという中国官界の仕組みは近代まで続くのだが、後漢末はその弊害の大きさが最初のピークに達した時期でもあった。

このような状況下、朝廷の中枢では宦官（後宮に仕える去勢された男性）と皇帝の外戚（夫人の親族）間の対立抗争が激しく、やがてこの争いに宦官を濁流として蔑視し、清流を自認する正義派官僚たちが参戦する。儒学の教えによれば、身体の一部をみずからの意思で欠損することは親に対する大いなる不孝で、そのような者たちに中央権力を握られている現状はとうてい許しがたいことであった。

外戚が力を持つきっかけとなったのは、後漢中ごろから幼帝が続いたことにある。幼帝では政務を見ることができないから、母后が摂政を務め、母后自身に政治的手腕がなければ親族を登用して一切を任せる。かくして権力を手中にした外戚は幼帝が成長してもそれを手放そうとはせず、皇帝が奪権を図ろうにも密談を謀れる相手は宦官しかおらず、宦官

全国13州の行政区分

後漢末の最大の行政区分13の州

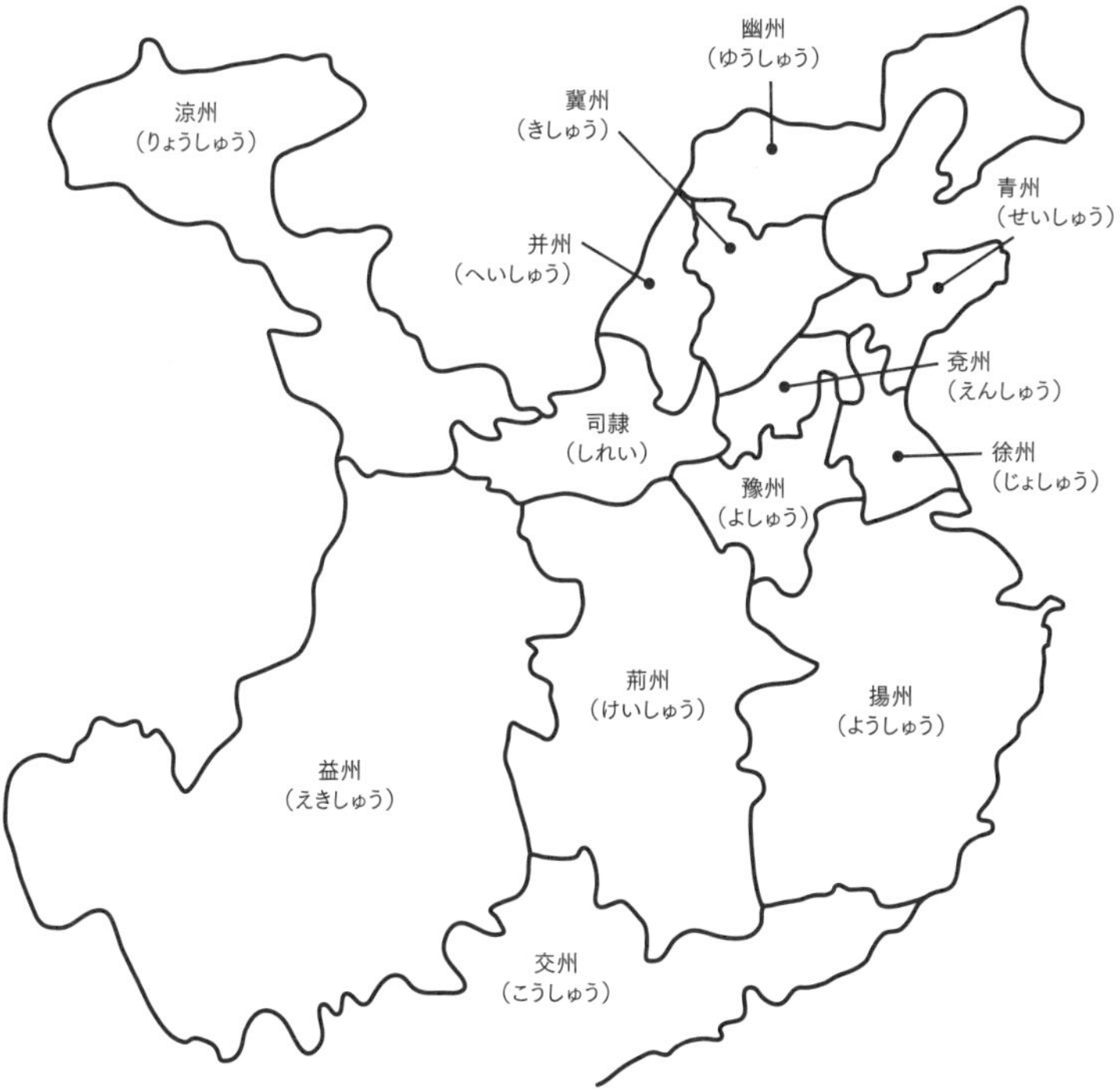

193 年
涼州の東部４郡を割って雍州を新設

213 年
幽州、并州、涼州、交州、司隷を廃止し、
14 州を９州に改編

後漢末の行政組織

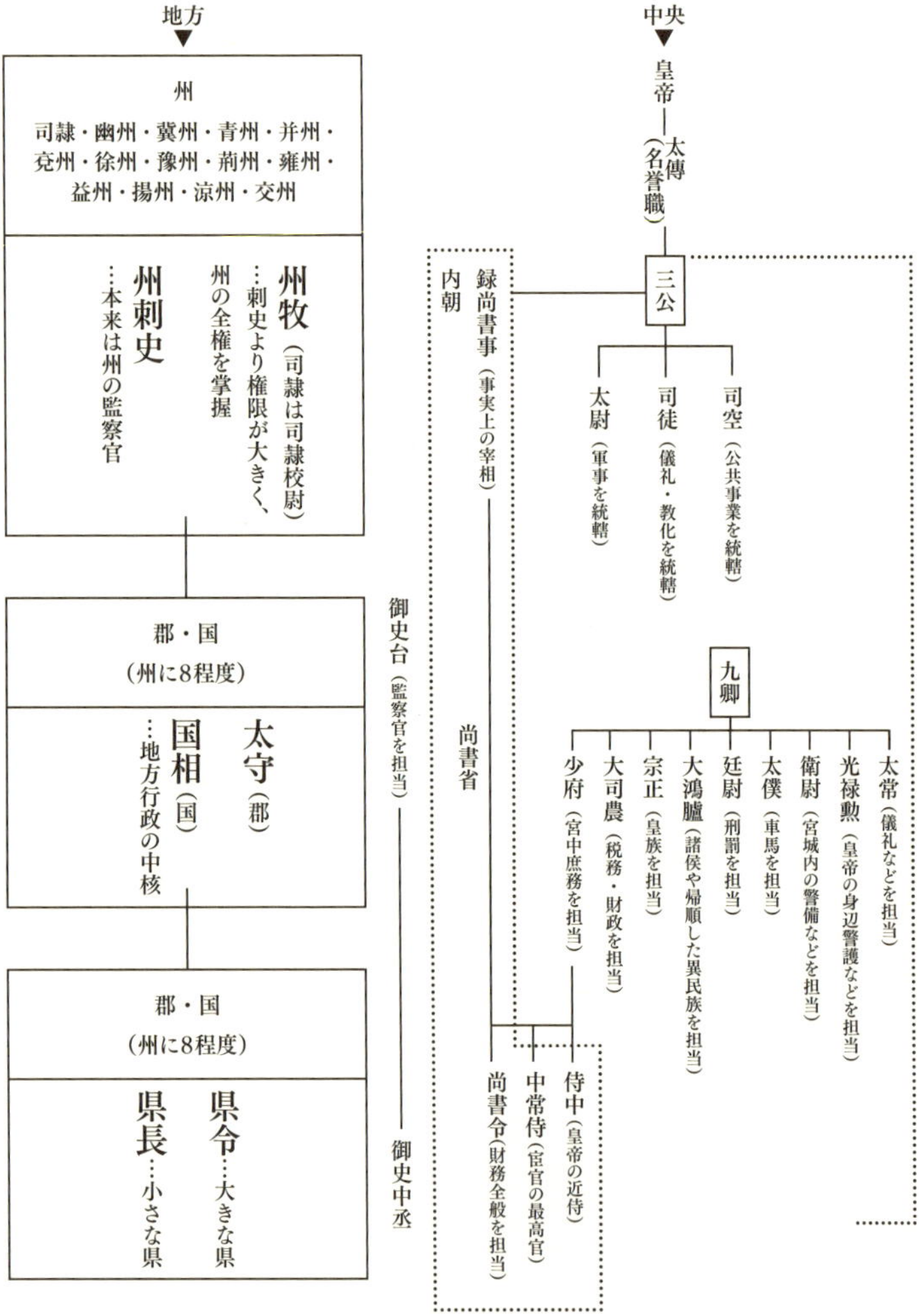
地方
州
司隷・幽州・冀州・青州・并州・
兗州・徐州・豫州・荊州・雍州・
益州・揚州・涼州・交州
州牧（司隷は司隷校尉）…刺史より権限が大きく、州の全権を掌握
州刺史…本来は州の監察官
郡・国
（州に8程度）
太守（郡）
国相（国）…地方行政の中核
郡・国
（州に8程度）
県令…大きな県
県長…小さな県
御史台（監察官を担当）
御史中丞
中央
皇帝
太傅（名誉職）
三公
太尉（軍事を統轄）
司徒（儀礼・教化を統轄）
司空（公共事業を統轄）
内朝
録尚書事（事実上の宰相）
尚書省
九卿
太常（儀礼などを担当）
光禄勲（皇帝の身辺警護などを担当）
衛尉（宮城内の警備などを担当）
太僕（車馬を担当）
廷尉（刑罰を担当）
大鴻臚（諸侯や帰順した異民族を担当）
宗正（皇族を担当）
大司農（税務・財政を担当）
少府（宮中庶務を担当）
侍中（皇帝の近侍）
中常侍（宦官の最高官）
尚書令（財務全般を担当）

を利用して政変が成功を収めるに及んで、今度は宦官が勢力を伸ばす事態となったのだった。

だが、宦官と清流の争いは前者の勝利に終わり、官界から追放された清流派人士はそれぞれの故郷へ戻り、弾圧の対象にされなかった者でもみずからの意思で官界を去る者が少なからず、これより朝廷の腐敗はますます進み、国家の行く末を憂える有為なの人材は地方に分散する事態となった。

一方、辺境や地方では異民族による略奪行為や反乱が頻発し、後漢の版図内でも異民族や宗教結社、匪賊による反乱が毎年のようにどこかで起きていた。それに加え、連年のように大規模な自然災害が起こり、全国に不安がみなぎるなか、起きたのが黄巾の乱であった。朝廷では下野した清流派人士が反乱軍に合流することを恐れ、一律赦免のお触れを出す始末だった。

年	主な出来事
166	第一次党錮の禁
	ローマ皇帝マルクス・アウレリウスからの使節が到来

167 党人が故郷へ帰され、終身禁固となる
168 霊帝が即位
宦官の曹節によるクーデターが成功
169 第二次党錮の禁
171 霊帝が元服
174 孫堅が会稽で起きた宗教反乱を平定
177 塞外に出撃した官軍が鮮卑に大敗を喫する
178 官職の売り出しが行なわれる
179 鮮卑が幽州と并州に侵攻
180 何氏が皇后に立てられる
181 交趾（ベトナム北部）で起きた反乱を平定
184 黄巾の乱
党錮の禁を解除

董卓の専横から群雄割拠へ（185〜191年）

外戚の何進と十常侍と呼ばれた宦官集団間の権力闘争。大将軍（武官の最高職）となった何進が煮え切らない態度を取り続ける妹の何太后を脅迫するため、野心逞しい董卓を都へ呼び寄せたことが悪夢の始まりとなった。

朝廷の中にも董卓の危険性を悟っていた者もいて、董卓が西方辺境で鍛え抜かれた一軍を率いたまま前将軍（官三品の武官職）の職にあって扶風郡（現在の陝西省宝鶏市）に駐屯していたとき、少府（帝室財務大臣）に任じると同時に隷下の軍を左将軍（官二品の武官職）の皇甫嵩に引き渡すよう命じたにもかかわらず、董卓はこれを拒絶。改めて并州（現在の山西省にほぼ相当）の牧（刺史より権限の大きな州の長官）に任じ、兵権を皇甫嵩に引き渡すよう命じるが、士卒が自分に慣れ親しんで離れたがらないとの口実のもと、あくまで軍を手放そうとはしなかった。

そんな危険人物を都へ呼び寄せた何進の罪は重い。何進と十常侍が共倒れするなか、都の洛陽（現在の河南省洛陽市）と朝廷の実権を掌握したのはその董卓で、入城当初率いた

董卓包囲網

軍勢は3000人に過ぎなかったが、主を失った何進とその弟で車騎将軍（官三品の武官職）の位にあった何苗の私兵を受け入れ、さらには唯一武力抵抗を示した執金吾（皇宮警護長）の丁原に対しては、部下の呂布を寝返らせる方法を取り、丁原を殺させた上にその私兵をも吸収。かくして都で兵権を握る者は董卓ただ一人となった。

　入城時には并州牧であった董卓は長雨を理由に司空（建設大臣）の劉弘を免職に追い

三国時代の軍事組織

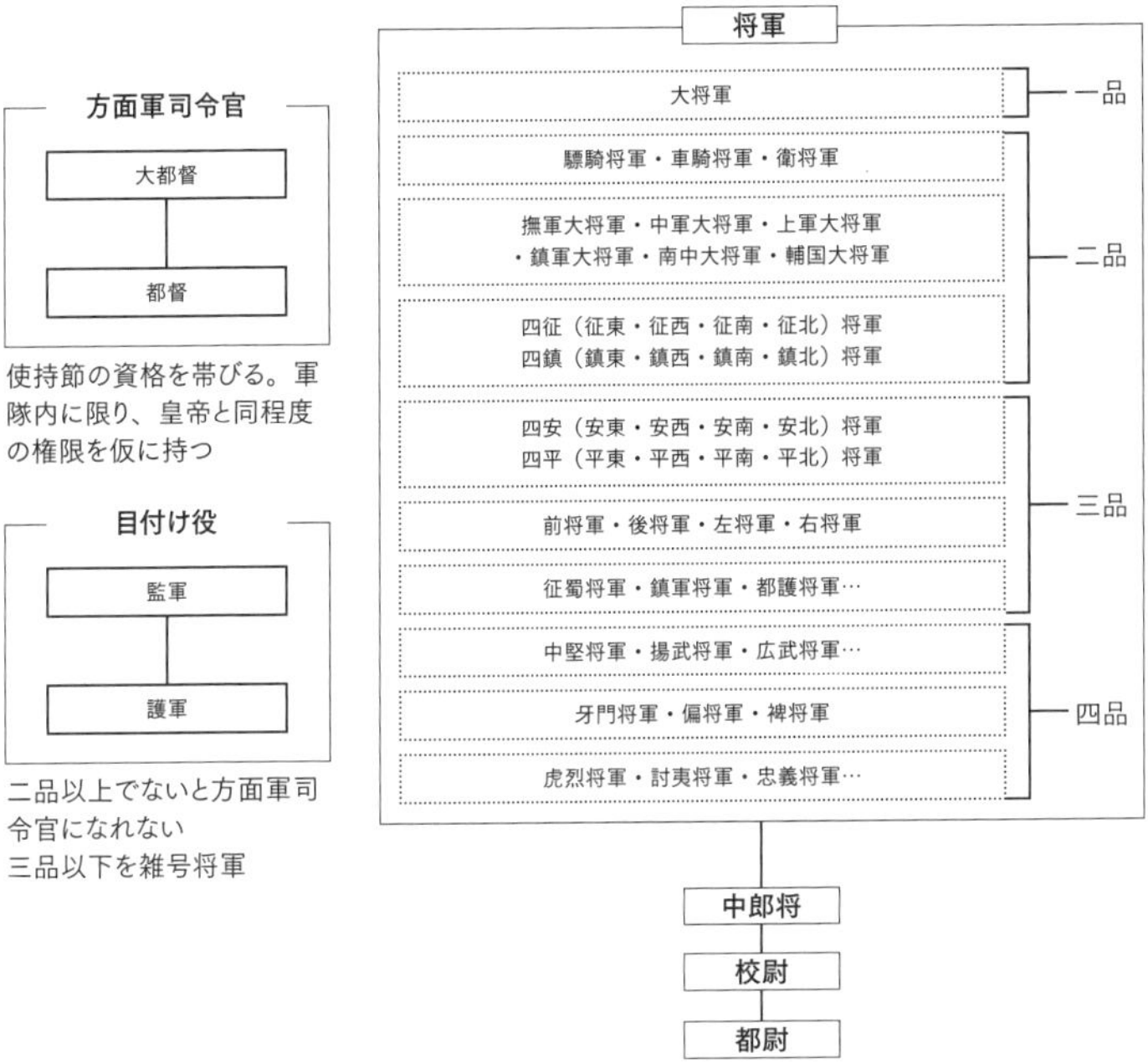

込み、自分がその後任になったのも束の間、太尉に昇進して、軍権のしるしである節と鉞、さらには近衛兵をも与えられた。

表立って反抗する重臣たちが次々と粛清されるのを見て、袁紹や曹操など都を後にする者も多く、董卓はそれをよいことに乱暴狼藉をエスカレートさせていった。

そして、少帝（在位１８９年の５か月間）を廃し、異母弟の陳留王を献帝（在位１８９〜２２０年）として擁立するに及んで、各地に雌伏していた豪傑・名望家たちがいっせいに蜂起。名家中の名家出身の袁紹を盟主として奉じ、反董卓連合軍を結成する。だが、これより前に益州へ赴任した劉焉と荊州（現在の湖北省と湖南省）へ赴任した劉表は連合軍に加わることなく、半独立の姿勢を示して静観を決め込んだ。

連合軍のなかでもっとも気を吐いたのは江東（現在の江蘇省と浙江省）出身の孫堅で、董卓が頼みとする華雄を討ち取り、董卓が逃げ去った後の洛陽へ一番乗りを果たすなど、その働きは数ある群雄のなかでも際立っていた。

しかし、目前の敵である董卓が長安（現在の陝西省西安市）へ落ちていった時点で連合軍の解体が始まる。献帝の救出は叶わなかったが、洛陽を占領したことで当面の目標は達成されたとして、士気が折れてしまったのである。

昨日までの仲間意識は一気に消え失せ、袁紹が詐術を弄して冀州（現在の河北省にほぼ相当）を奪取したことをきっかけに、世は本格的な群雄割拠の時代へ突入するのだった。

年	主な出来事
185	董卓が韓遂を撃破

186 鮮卑が幽州と并州に侵攻
187 馬騰が三輔の地を攻略
孫堅が長沙で起きた反乱を平定
曹嵩が太尉となる
188 劉焉が益州牧となる
西園校尉を設置
189 霊帝が崩御
洛陽で政変勃発
少帝が廃され、献帝が即位
190 反董卓連合軍の成立
董卓が長安へ遷都
劉表が荊州刺史に任じられる
191 孫策が洛陽に入城
袁紹が冀州牧となる

運命を分けた献帝奉迎（192〜200年）

董卓によって擁立された献帝に敬意を払うべきかどうか。依然として献帝の発する詔勅が効力を有していたが、袁紹や袁術のように献帝にもはや利用価値を認めず、後漢王朝そのものを否定する群雄も存在した。

連合軍が解体したことで当面は安泰と思われていた董卓の独裁政権は司徒の王允が仕組んだ呂布の裏切りによりあっけなく幕を閉じ、王允と呂布による臨時政権も董卓残党の反撃を受けるや脆くも敗れ、その後は董卓の旧将二人による軍事支配が続いた。

やがて二人の関係が悪化して、長安が内戦の地と化すに及び、献帝は長安から脱することができたが、どこへ逃げれば安全なのかわからず、とりあえず洛陽に向かいがてらあちこちに呼び掛けを行なったところ、積極的に

毓秀台（曹操が献帝のため許に築いた祭壇）

後漢　王朝系図

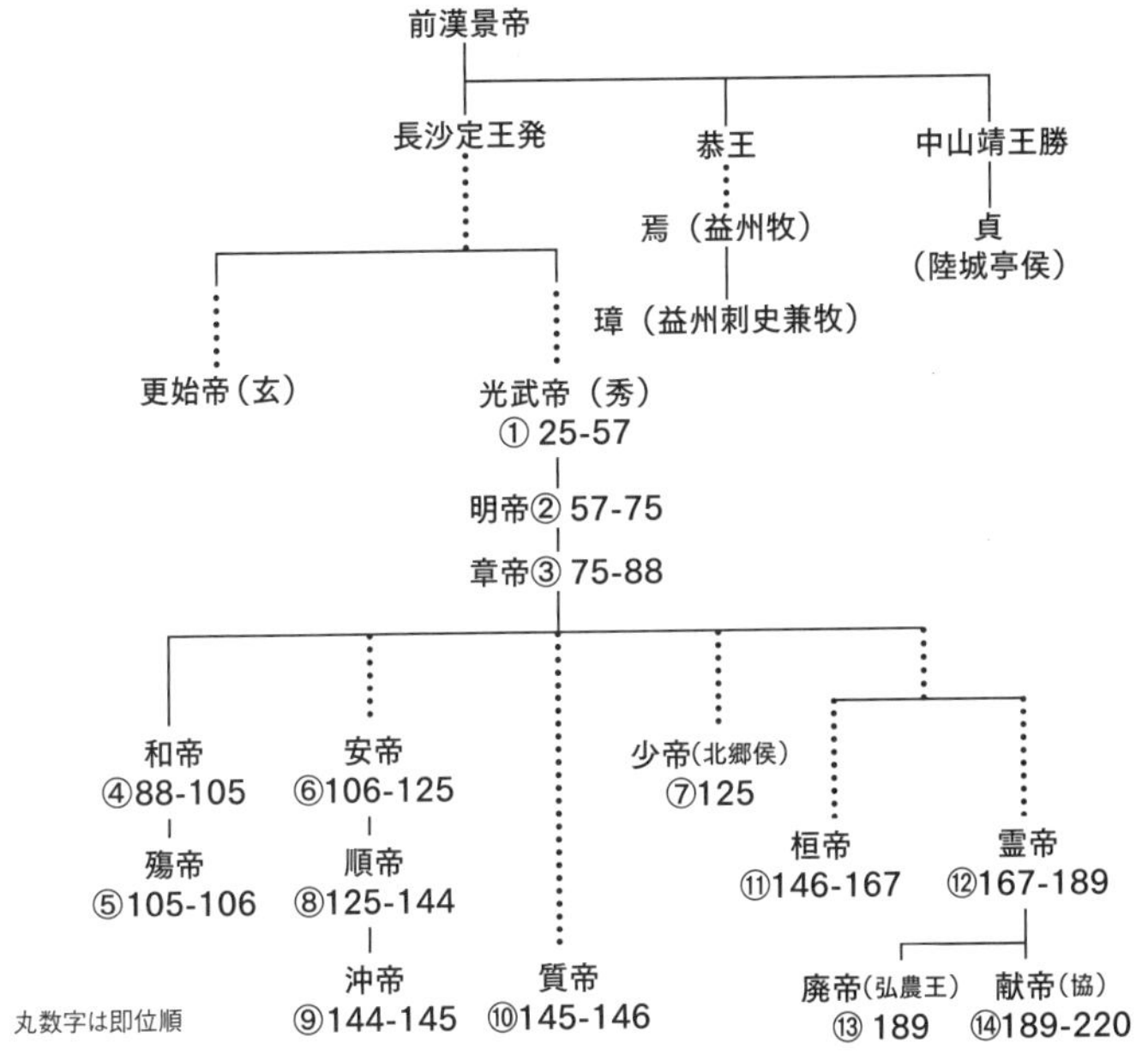

動いたのが曹操だった。かくして献帝は曹操の庇護下に迎えられ、許（現在の河南省許昌市）に腰を落ち着けた。曹操はこれにより大義名分を有する立場となり、版図や兵力の点では袁紹に大きく劣りながらも、影響力の点では引けを取らない存在と化したのだった。

その間、呂布はあちこちの群雄のもとを渡り歩く。呂布の武勇は誰もが認めるところであったが、二度の裏切りが仇となり、いつ寝首をかかれるとも知れないというので、どこにも長居を許されなかった。

唯一歓迎してくれたのは劉備であったが、二人の関係が破綻すると、敗れた劉備は曹操のもとに身を寄せ、曹操の力を借りて呂布を滅ぼした。その劉備はなかなか地盤と呼べるものを築くことができず、曹操から離反してからは袁紹のもとへ身を寄せた。

孫堅の死後、孫策は袁術のもとに身を寄せていたが、やがて袁術から兵を借りて江東へ復帰。実の兄弟同然に育った周瑜の合流もあって急速に勢力を拡大させ、瞬く間に江東全域の平定を成し遂げると、袁術が帝位を僭称したのを機に自立を図るが、慢心がもとで突然の死を迎える。袁紹に強い対抗意識を抱く袁術はみずから皇帝と称したが、どの群雄からも賛同が得られず、敗北を重ねてみるみる勢力が衰え、惨めな最期を遂げた。

それとは対照的に袁紹は公孫瓚を滅ぼし、河北4州の支配者となり、いよいよ華北の覇権をかけて曹操との決戦に臨む。前哨戦である白馬の戦いに敗れ、両腕と頼む顔良と文醜の2将を失いながらも、兵力の点での優位は動かず、必勝を信じて疑うことなく曹操軍の最前線拠点である官渡に向かった。

籠城戦に持ち込んだ曹操は袁紹軍の兵糧を焼き尽くす作戦に出る。これが功を奏して戦いは曹操軍の勝利に終わり、袁紹はほうほうの体で根拠地の鄴へ逃げ戻った。

年	主な出来事
192	呂布が董卓を裏切る
	曹操が青州兵を組織
193	袁術が寿春に入る
	曹操が徐州で大虐殺を実行
194	劉備が徐州を領有
	孫策が江東に復帰
195	曹操が兗州を獲得
196	曹操が献帝を許に迎える
197	袁術が皇帝を僭称
198	呂布の最期
199	公孫瓚が袁紹に滅ぼされる
	袁術が憤死
200	孫策が刺客の手にかかって負傷死
	官渡の戦いで曹操が袁紹に大勝

劉備・孫権連合軍による赤壁の戦い（201～208年）

袁紹は官渡に続いて倉亭の戦いにも敗れ、失意のあまり急死する。袁紹という後ろ盾を失った劉備も撃破され、荊州の劉表のもとへ身を寄せる。

袁紹には4人の男子があったが、晩年の袁紹が長男の袁譚ではなく後妻が産んだ袁尚をかわいがったことから、袁紹の死からまもなく、曹操が荊州に出向いている間に兄弟間の反目が武力衝突に発展。荊州遠征から帰還した曹操は劣勢に立たされた袁譚から救援を求められたのに乗じて袁尚を攻め立てた。袁尚は本拠地の鄴には籠城をさせ、自身は城外にあって遊撃戦を挑み続けたが、水攻めに晒された鄴の城内で過半数の人びとが餓死したとの情報を得るや、内外呼応して曹操軍を挟撃する作戦に出る。しかし、作戦は失敗に終わり、袁尚が自分たちを見捨てて自分だけ逃走したことを知ると、城内の者は抗戦意欲を失い、城門を開けて降伏した。

袁紹から并州の統治を任されていた高幹は降伏して現職に留まることを許されたが、2年後には謀反を起こし、逃亡途中に捕殺された。袁尚は次兄の袁熙とともに遼西（現在の遼寧省南西部）の烏丸のもとへ逃れ、曹操が遼西への遠征を敢行して烏丸を撃破すると、今度は遼東（現在の遼寧省中央部）の公孫康を頼るが、曹操と事を構える気のない公孫康によって討たれ、その首は曹操のもとへ送り届けられた。すでに袁譚も反逆の姿勢を見せたことから殺されており、ここに名門袁氏の血は途絶えたのだった。

遠征から戻った曹操は鄴に玄武池をつくり、水軍の訓練を始めたが、これは南征に備えてのものだった。さらに曹操は後漢の中央官制の改変に着手し、それまでの三公の官を廃止して丞相と御史大夫（副丞相）を設置することにより権力の一元化を図ったうえで、献帝に迫って自身を丞相に任命させた。

荊州に寄寓中の劉備は曹操が遠征に出ている隙に乗じて許を襲い、献帝を確保することを何度も劉表に進言していたが、曹操の報復を恐れる劉表は荊州の安泰が第一として、首を縦に振ろうとはしなかった。だが、劉備にも大きな収穫があった。それは軍師として諸葛亮の臣従を得られたことである。諸葛亮から天下三分の計を示されたことで、それまでは場当たりな戦いばかり繰り返してきた劉備軍団にようやく方向性が与えられることとなった。劉備の危険性を十分自覚している曹操が満を持して荊州への南進を開始すると、まるでタイミングを図ったかのように劉表が病死。後継者には長男の劉琦ではなく後妻から生まれた末子の劉琮が選ばれ、劉琮は重臣の蔡瑁や蒯越らに言われるまま、一戦も交えることなく曹操に降伏した。

　一方の劉琦は劉備を頼みとして南へ逃れるが、その劉備も長坂（現在の湖北省当陽市）で曹操軍に追い付かれ、大敗を喫する。単独では勝ち目のないことを自覚する劉備は孫権との同盟に一縷の望みを託し、諸葛亮を江東へ派遣した。

孫氏の系図

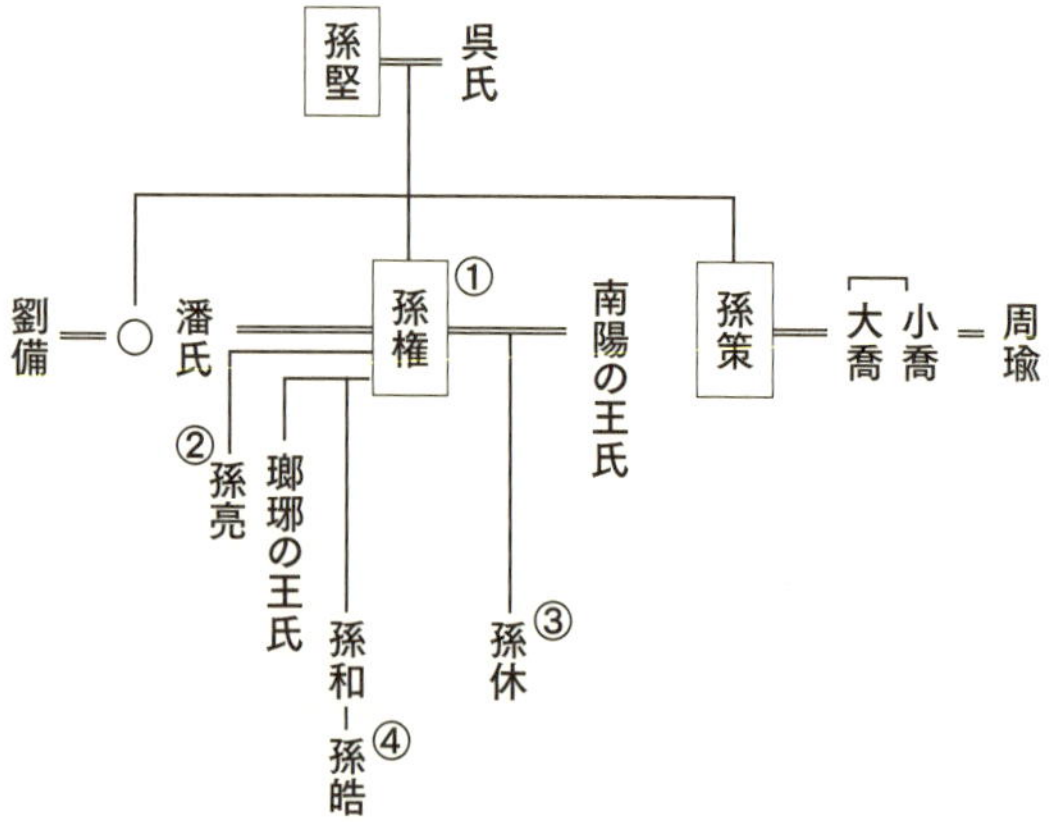

　孫権政権の重臣のあいだでは迫りくる曹操の大軍に対して降伏論が大勢を占めていたが、武将の大半と魯粛だけは最初から抗戦を主張。水軍の訓練のため鄱陽にいた周瑜が呼び戻され、彼が強く抗戦論を唱えたことから孫権の迷いは消え、劉備と同盟を結び、曹操軍を迎え撃つことになった。
　かくして行なわれた赤壁の戦いは、周瑜が

黄蓋の進言に従い実行した火攻めが功を奏し、同盟軍の勝利に終わった。

年	主な出来事
201	劉備が劉表のもとへ身を寄せる
202	袁紹が死去
203	袁紹の子供たちが内戦を開始
204	曹操が冀州を平定
205	黒山の賊の張燕が曹操に降伏
206	曹操が并州を平定
207	曹操が烏丸に遠征 諸葛亮が劉備に臣従
208	三公の制度を廃止。曹操が丞相となる 劉表が死去 孫権・劉備同盟軍が赤壁の戦いで曹操を破る

劉備、益州を獲得（209〜219年）

赤壁の戦いに勝利した孫権軍は勢いに乗じて版図の拡大を試みるが、荊州方面ではある程度の成果を上げながらも、合肥（現在の安徽省合肥市）の攻略には失敗した。一方の劉備は荊州北部で一定の地盤を確保。劉備が孫権の妹を娶ることで同盟関係を強化し、曹操軍の再来に備える態勢を整えた。

しかし、曹操の関心は南方より西方に向けられ、旧都長安を中心とする関中を平定しようと、そこを実効支配する辺境育ちの韓遂・馬超との戦いに全力を注いだ。

韓遂・馬超の軍は思いのほか強く、曹操が冷や汗をかかされたことも一度ならず。そこで曹操は韓遂と馬超を仲違いさせる計略を施し、これが功を奏して両軍を涼州（現在の甘粛省と陝西省中部）に敗走させた曹操は関中の平定を成し遂げ、ここに華北一円はすべて曹操の支配下に組み込まれた。また、この勝利をきっかけに曹操は献帝からさまざまな特権を与えられたうえ、魏公という公認の領地を伴う爵号に始まり、その3年後には魏王への昇進を果たすのだった。

一方、孫権と劉備の関係はぎくしゃくしていた。劉備が確固たる地盤を獲得するまで孫権は荊州を貸与するという暫定合意が守られず、劉備が益州を獲得してなお荊州の返還に応じなかったからである。

これより前、益州の劉璋は漢中（現在の陝西省南部）の張魯が脅威だとして、劉備を迎え入れてその備えとしていたところ、劉備が折を見て反逆を起こし、これに呼応する者も多く現われたことから、劉備に降伏して益州を譲渡していた。その間に曹操軍が漢中に攻め入り、張魯を降伏させていたことから、次に狙われるのは荊州か揚州（現在の中国南東部）のどちらかというので、孫権・劉備両陣営とも歩み寄りを図る必要が生じ、荊州を二分することで合意に達した。

同盟が再構築されたことで、劉備には北方に専念する余裕が生じ、みずから軍を率いて漢中に進撃。曹操軍の夏侯淵を討ち取るなど勝利を重ね、漢中から曹操軍を完全撤退させることに成功した。これを見た群臣からの推挙を得て、劉備は漢中王に即位する。

劉備は荊州の留守を関羽に託していた。劉備の漢中王即位に伴い、関羽には独自の判断で軍を動かす権限が与えられており、関羽はすぐさま単独での北伐を開始した。狙うは荊州北部にあっていまだ曹操軍が駐屯する樊（現在の湖北省襄陽市）である。

樊を守る曹仁は籠城戦を余儀なくされ、水攻めにも苦しめられるが、于禁と龐徳率いる援軍も壊滅して万事休すかと思われたとき、徐晃率いる新たな援軍が到着。孫権も呂蒙を遣わして関羽が留守にしていた江陵（現在の湖北省荊州市）を制圧し、将兵の家族を人質としたうえ、後方を脅かす姿勢を見せたことから関羽軍は瓦解し、関羽は子の関平ともども捕らえられ処刑された。

これより少し前、孫権から関羽に対し婚姻関係を結びたいとの申し出があったが、関羽が侮辱的な言葉を吐いて拒絶したことから、孫権はそれを恨みに感じて曹操と手を結び、同盟の一方的破棄に踏み切ったと伝えられる。

年	主な出来事
209	孫権が合肥攻略をあきらめ撤退
	周瑜が南郡を制圧
	孫権の妹が劉備に嫁ぐ
210	曹操が銅雀台を築く
	周瑜が死去

211　曹操が関中を平定
益州の劉璋が劉備を迎え入れる
212　孫権が石頭城を築き、秣陵を建業と改名
荀彧が死去
213　曹操が天下14州を9州に改編
曹操が魏公となる
214　劉備が成都を制圧、益州の牧となる
215　漢中の張魯が曹操に降伏
劉備と孫権が荊州の二分で合意
216　曹操が魏王となる
217　曹丕が魏の太子に選ばれる
218　許でクーデター未遂事件
劉備が漢中に進軍
219　劉備が漢中王に即位
関羽の最期

呉軍の大勝利に終わった夷陵の戦い（220〜226年）

挙兵以来の臣下で、実の兄弟のような間柄の関羽を失ったことは劉備にとって大きな打撃となった。すぐにも復讐に出たいところだが、群臣の諫言に加え、北方情勢の急転がそれを許さなかった。

まず起きたのが曹操の病死である。魏王の位は曹丕が継いだが、この曹丕が献帝に迫り、禅譲を行わせたことは、後漢への忠義を一片でも残していた者たちにとって驚天動地の出来事であった。禅譲とは天命を失った皇帝が徳のある異姓の賢者に帝位を譲渡することで、短命に終わった新王朝の王莽もその形式を踏んで帝位についていた。

献帝は山陽公に格下げのうえ、余生を軟禁状態で過ごすことになるのだが、蜀漢には情報が正確には伝わらず、献帝殺害の誤報が流布した。劉備は大々的な葬儀を執り行い、正統な皇帝が不在なままではいけないと、みずから帝位につくのだった。孫権は表向き曹魏に従うふりをしながら、独自の元号を設けるという比較的穏健なやり方で、それなりの意思表示をした。

一連の行事を終えたところで、劉備は待ちに待った東征に着手する。当然ながら張飛も従軍するはずであったが、出陣前夜、彼に恨みを抱く側近に寝首をかかれてしまった。諸葛亮には留守を託さなければならないから、連れてはいけない。馬良も優秀な人材であったが、彼には異民族を味方につける工作を任せていたので、劉備は歴戦の勇将も軍師も欠いたまま出征しなければならなかった。

けれども、劉備には彼なりの自信と自負心があった。傭兵集団のリーダーのような立場で各地を転戦してきたから、今回従軍するどの武将よりも実戦経験は豊富。諸葛亮と親交を深め、その戦略や計略に耳を傾けるうち、自分も軍師として十分合格と自己認識していたからである。

緒戦に勝利し、武陵（現在の湖南省西部）の異民族を味方につける工作も順調に運んだことから、劉備はますます自信を強めていたが、それが過信であると気づいたときにはすでに手遅れであった。

高原、湿地、険阻な地を包み込んだ７００余里（１里は約４３５メートル）にもわたる長大な陣営を布くなど完全に兵法を無視した行為で、曹丕はその報告を受けた時点で劉備の敗北を予測しており、事実、曹丕の予測は的中した。

円陣を組めば助け合うことはたやすいが、長江という大河に沿って細長い陣営を築いてはそれも適わない。火攻めにあえば容易に分断され、指揮系統が混乱してはどう行動してよいかもわからず、各個撃破されるのは自明の理であった。

劉備自身は何とか永安（現在の重慶市奉節県）まで逃げ延びるが、蜀漢軍の受けた打撃は極めて甚大で、劉備はショックのあまり寝込み、成都から駆け付けた諸葛亮らに遺言を託すと、それからまもなく息を引き取った。

後事を託された諸葛亮がまず取り掛かったのは孫呉との関係修復で、それが済めば北伐に討って出たいところであったが、後方の安全確保と戦略物資の備蓄を

曹氏の系図

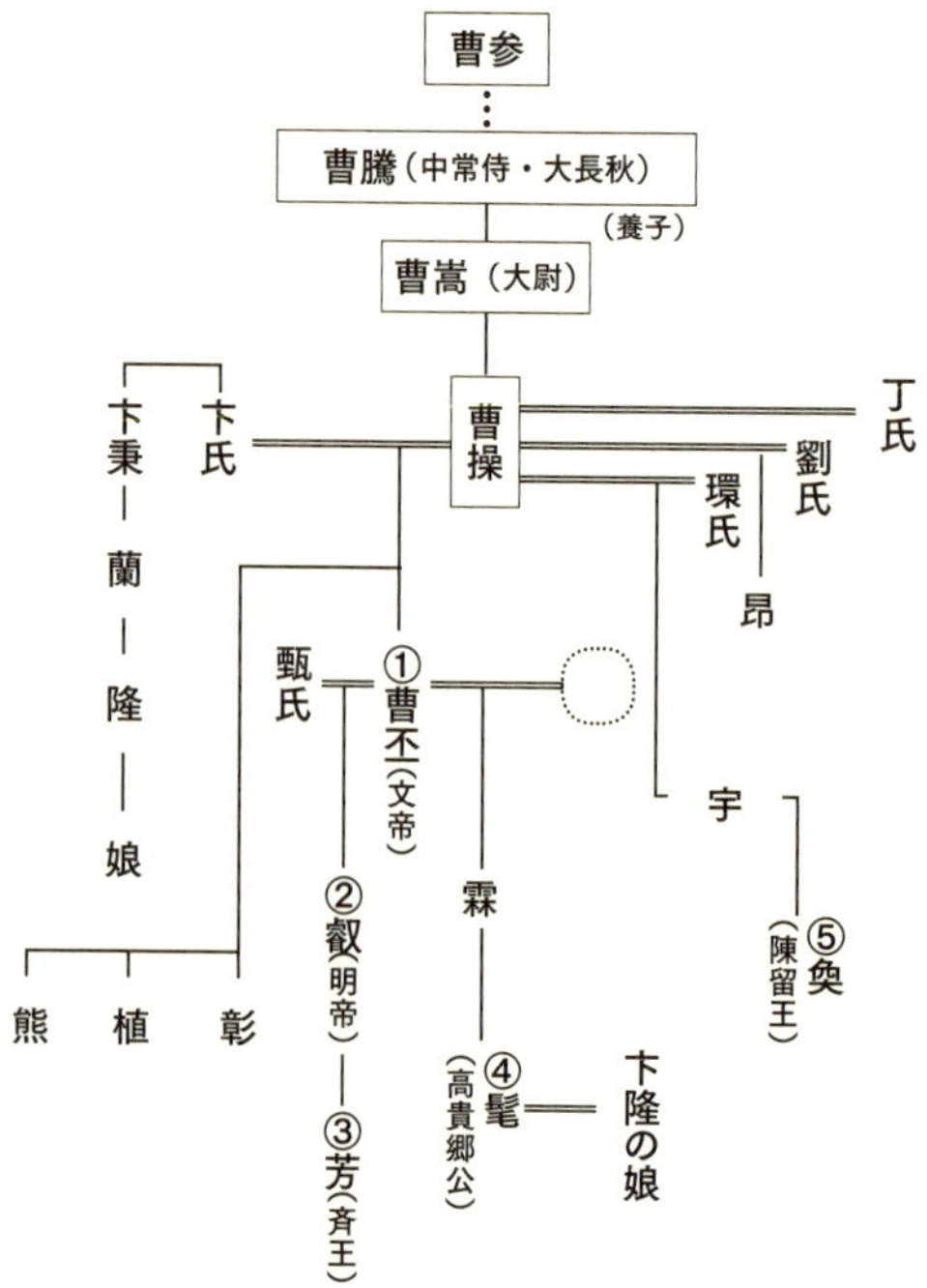

十分にしないことには失敗が目に見えている。そのため益州南部（現在の雲南省）への遠征を優先させた。

曹魏では曹丕が亡くなると、当時22歳の曹叡（明帝）が即位したが、自分には曹操や曹丕のほどの器量がないと自覚していたことから、大将軍の曹真と驃騎将軍の司馬懿を大いに頼みとした。

年	主な出来事
220	曹操が死去。曹丕が魏王の位を継ぐ 後漢の献帝から魏への禅譲が行なわれる
221	劉備が帝位につく 劉備が東征を開始。張飛暗殺
222	劉備が夷陵の戦いで敗れる
223	劉備が白帝城で死去
225	諸葛亮の南征
226	魏の文帝（曹丕）が死去。明帝が即位

諸葛亮の北伐（227〜234年）

諸葛亮は劉備の遺志を継ぎ、曹魏を打倒するべく北伐を開始するが、皮肉にも益州と漢中が天然の要害によって守られていることが大きな障害となった。曹魏の中枢部に出るにも関中に出るにも険しい山中を突き抜ける必要があり、補給に支障が出ることは避けられなかったからだ。

諸葛亮の元来の構想では、荊州から関羽、漢中から劉備が本隊を率いて二方面から進撃するはずであったのに、その関羽を討たれ、荊州までも失ってしまった。次善の策として新城（現在の湖北省北西部）の孟達に対して寝返りを働きかけ、約言を取り付けはしたが、読みの深さでは諸葛亮に勝るとも劣らない司馬懿に先手を打たれ、この策も実現不可能となった。

となれば、戦略を根本から立て直す必要があったわけで、孫呉と時期を定めて共同作戦を取るのも手であったが、双方の利害調整や進軍速度が天候に大きく左右されることなどもあって、言うほど容易くはなかった。

残るは単独での出撃だが、ベースとなる戦力差や補給面でのハンディキャップを考慮すれば、曹魏の討滅自体は次世代に託すことも視野に入れなければならず、まずは関中と涼州を奪取するのが得策だった。そうすれば兵力差を縮めたうえ、補給の問題も解決するからだ。

しかし、その諸葛亮の前に立ちふさがったのが戦巧者の司馬懿だった。兵の数では勝るから正面衝突をしてもよさそうなものだが、蜀漢軍の士気と決死の覚悟は数での不利を補って余りあり、曹魏軍が敗北を避けるにはひたすら守備に徹して、兵糧の尽きた蜀漢軍が撤退を始めたところへ背後から襲い掛かるのが賢明な手段であった。

諸葛亮も漢中での屯田の実施、兵糧の運搬に便利な木牛流馬という機器の開発、涼州での麦の刈り取りなど、あの手この手を駆使するが、どれも問題の完全解決には至らず、殿の奮戦により最小限の被害で撤退するのが関の山であった。

最初の北伐はいい線までいっていたのだが、諸葛亮が目をかけていた馬謖の失態によりすべての戦果が台無しとなった。それ以降の北伐ではこれといった前進は見られず、戦局を打開する方策も見つけられないまま繰り返された北伐の最中、諸葛亮は過度の疲労とストレスが仇となり、司馬懿と対峙したまま、五丈原（現在の陝西省宝鶏市岐山県）で帰らぬ人となった。

諸葛亮が北伐を繰り返す間、孫権も傍観していたわけではなく、たびたび大軍を動かしてはいた。229年には孫権が帝位についたことで、名実相伴った三国鼎立も成立している。

曹魏の注意が諸葛亮の北伐軍に向けられているときこそチャンスのはずであったが、曹魏もそれを警戒して十分な備えを行なっており、孫権みずからが出陣した合肥新城の攻略作戦も張遼ら曹魏軍諸将の激しい抵抗に遭ってうまくいかず、逆に反撃を食らい、大損害を被る始末となった。

遼東の公孫淵と結び、南北から曹魏を挟撃する計画にも着手したが、公孫淵の裏切りにより、これまた失敗に終わった。

年	主な出来事
227	諸葛亮が漢中に軍を進める
228	司馬懿が孟達を討つ 蜀漢軍が街亭で敗れる

229　陸遜が石亭で曹休を破る
　　　孫権が帝位につく
230　司馬懿が魏の大将軍に任じられる
231　諸葛亮が祁山まで進軍
232　孫権が遼東の公孫淵と結ぼうと図る
233　孫権が合肥新城を攻めるが敗退
234　山陽公（献帝）が死去
　　　諸葛亮が五丈原で陣没

司馬懿の政権掌握（235〜251年）

諸葛亮は臨終の床にあって、内政の後継者には蔣琬と費禕、軍事の後継者には新参者の姜維を指名しており、とりあえずは疲弊した国内経済の立て直しを最優先するよう命じてもいた。

その間に曹魏では激しい権力闘争が起きていた。238年12月、病の明帝は死期を悟り、幼帝の補佐にあたる人物として燕王の曹宇を筆頭に、領軍将軍の夏侯献、武衛将軍の曹爽、屯騎校尉の曹肇、驍騎将軍の秦朗の5人を指名したが、三日後には改めて司馬懿と曹爽の二人が輔政の任にあたるようにとの命令が下された。この間、司馬懿は都にはいなかったが、司馬懿と関係の深い中書監（秘書局長官）の劉放と中書令（秘書局次官）の孫資が暗躍をしたのではないかと言われている。

当初、曹爽が年長の司馬懿にへりくだり、人事以外の点では何事も司馬懿と相談のうえ決めたことから、二人の間にはこれといった軋轢は見られず、外交に関しては司馬懿が孫呉、曹爽が蜀漢にあたるという役割分担もなされていた。ところが、曹爽が蜀漢遠征で敗北を重ねたことから意見が対立する機会が増えていき、２４７年５月には司馬懿が病気を理由として私邸に引きこもる事態となる。

これ以降、曹爽の独断専行はひどくなる一方で、司馬懿は老化と認知症が進行して、自力で食べ物を口に運ぶことも、客人とまともに会話もできない状態と知るや、曹爽はもはや司馬懿を恐れる必要はなくなったとして、２４９年１月、幼帝と一族すべてを伴い、郊外にある明帝の墓参へと出かけた。

しかし、これこそ司馬懿が待ちに待った瞬間で、すべてはこの日のために打った大芝居であった。宮中には皇太后の郭氏が留まっていたので、司馬懿は彼女の裁可をもとに禁軍（宮中護衛軍）を掌握。武器庫をも掌握して完全武装を整えてしまえば、都城内の武力を完全掌握したのも同じで、一滴の血を流すこともなく帝都を支配下に収めることに成功した。そのうえで幼帝のもとへ上奏文を送ったのだが、それは事実上、曹爽に対する降伏勧告に他ならなかった。

曹爽の側近のなかには、このまま幼帝を奉じて許へ向かい、四方に檄を飛ばして兵を集めるべきと唱える者もいれば、城外に点在する各役所の軍を結集させ一戦交えるべきと唱える者もいたが、司馬懿の側から新たに送られてきた使者が自身も厚く信頼を寄せている者で、処分は免官のみと確約されたことから躊躇いを捨て、おとなしく降伏することに同意した。その約束が守られることはなく、曹爽の私邸に集められ、厳重な監視下に置かれた曹爽とその一族は降伏から4日後、謀反の罪で全員棄市に刑されてしまった。市場で公開処刑のうえ、首を晒されたのである。

かくして曹魏では司馬懿が実権を握ることになったが、それから2年後、寄る年波には勝てず、司馬懿もまた世を去ることとなり、長男の司馬師がその跡を継いだ。

司馬懿と曹爽の関係がまだうまくいっていた頃、蜀漢では軍事行動に消極的であった蔣琬に続いて費禕も亡くなり、姜維は晴れて北伐の準備に取り掛かれるようになった。進軍路は諸葛

司馬氏の系図

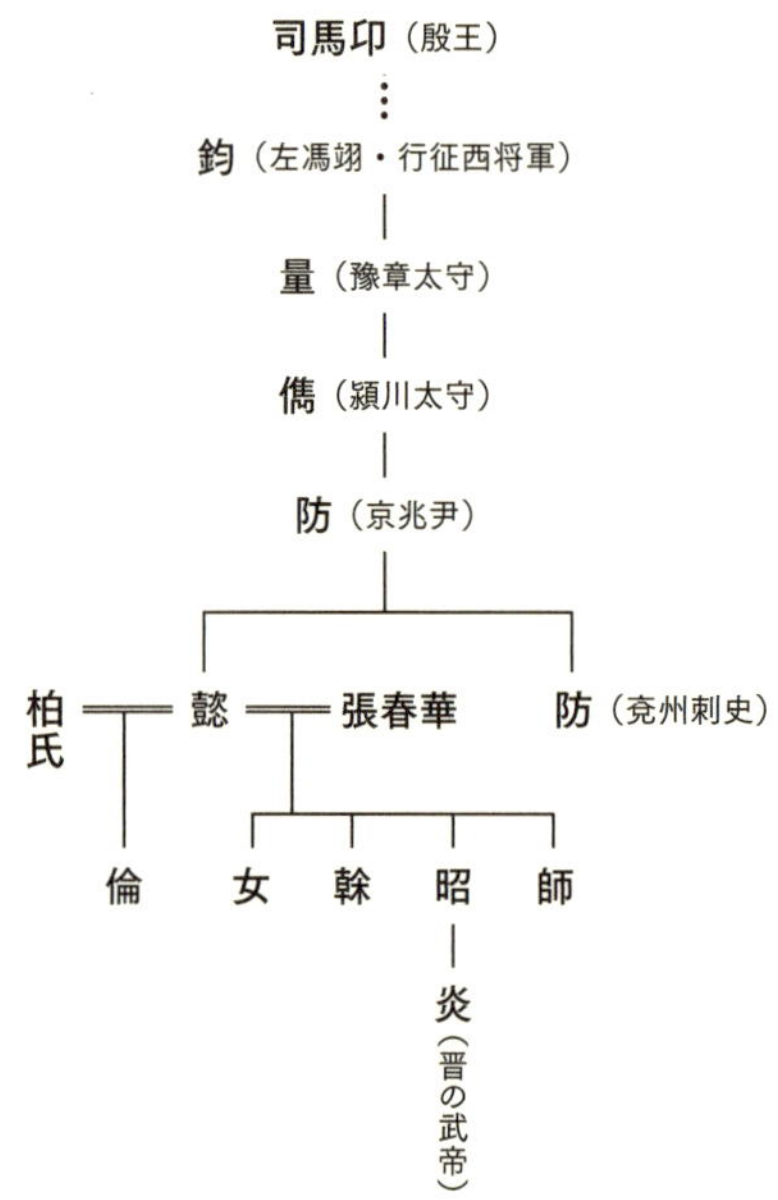

亮と同じでも、西方の異民族を味方につければ、兵の不足を補ってあまりある。姜維は彼なりに勝算ありと踏んでいたのだった。

一方、孫呉では孫権が太子の孫和を廃して庶人に降格させ、孫和から太子の位を奪おうとしていた4男孫覇には自殺を命じ、その与党を誅殺するなど後継者を巡って混乱が生じ、末子の孫和を太子とすることで一応の収束を見たとはいえ、孫権の老化と判断力の衰えに伴い、家臣団内の不協和音を完全に消し去ることはできなくなっていた。

年	主な出来事
235	司馬懿が魏の太尉となる 蜀漢で蒋琬が大将軍・録尚書事となる
236	孫呉の張昭が死去
237	公孫淵が自立して燕王と称する
238	司馬懿が公孫淵を滅ぼし、遼東を平定 邪馬台国の卑弥呼の使者が到来
239	魏の明帝が死去

241　孫呉が曹魏に対して大規模な攻勢に出る

243　蜀漢で費禕が大将軍・録尚書事となる

　　　卑弥呼の使者が再訪

244　孫呉で陸遜を丞相に任命

　　　曹魏による漢中への攻勢が失敗に終わる

245　陸遜が死去

246　曹魏軍が高句麗の都を攻略

247　蜀漢の姜維が北伐を実施

249　司馬懿による政変が成功

250　孫呉で激しい後継者争いが起きる

251　司馬懿が死去

晋による天下統一（252〜280年）

孫権の死後、孫呉では独裁的権力者の出現とそれの誅殺が繰り返されたあげく、孫権の孫にあたる孫皓が4代目の皇帝として擁立されたが、群臣一同はそこで初めて孫皓が小心者でありながら執念深く、酒色を好み、粗暴で驕慢な性格であることに気づく。しかし、ときすでに遅く、孫皓に諫言をする者や機嫌を損ねた者は次々と粛清され、人心の離反は年を重ねるごとに増すばかりとなった。

曹魏も安定とはほど遠く、司馬一族の専横を嫌う軍有力者たちの反乱が相次ぎ、司馬師とその跡を継いだ弟の司馬昭はその平定に大わらわで、蜀漢に対してはしばらく守りに徹するしかなかった。東方で反乱を起こした将軍たちはみな孫呉と通じる道を選ぶが、司馬兄弟の対応がよく、孫呉との連携が上手くいかないまま、反乱はことごとく平定された。

東方情勢が落ち着いたところで、曹魏はいよいよ蜀漢の討滅に本腰を挙げる。司馬昭が動員した兵力は18万人。これを率いるのは鎮西将軍の鍾会、征西将軍の鄧艾、雍州刺史の諸葛緒の3人で、他に全軍の監察役として廷尉（司法官）の衛瓘を随行させた。

このとき姜維の手中にあった軍は多く見積もっても5万人。三方から進撃してこられてはさすがに防ぎきれず、漢中を放棄して、防衛線を剣閣の嶺まで下げるほかなく、自身は山道の要衝でもある剣門関に立て籠もった。

天然の要害に籠もられては数で勝る曹魏軍もお手上げだった。そこで鄧艾が一軍を率いて間道を利用する策を提示すると、成功の見込みが薄いと見た鍾会はこれで手柄を独り占めできると考え、快く承諾した。

間道とは言いながら、道らしきものがあるのは途中までで、そこから先は断崖をよじのぼり、急峻な坂道を転げ落ち、川に出合えば急造の橋を渡すなど、それはほとんど命がけの冒険と変わらなかった。その甲斐あって鄧艾の軍は蜀漢軍が見張りを疎かにしていた江油（現在の四川省平武県南壩鎮）へ抜け出て、そこから一気に南下。綿竹（現在の四川省綿竹市）で諸葛亮の子と孫の率いる軍を撃滅したのち、成都城下に迫ると、劉禅はもはやこれまでと判断

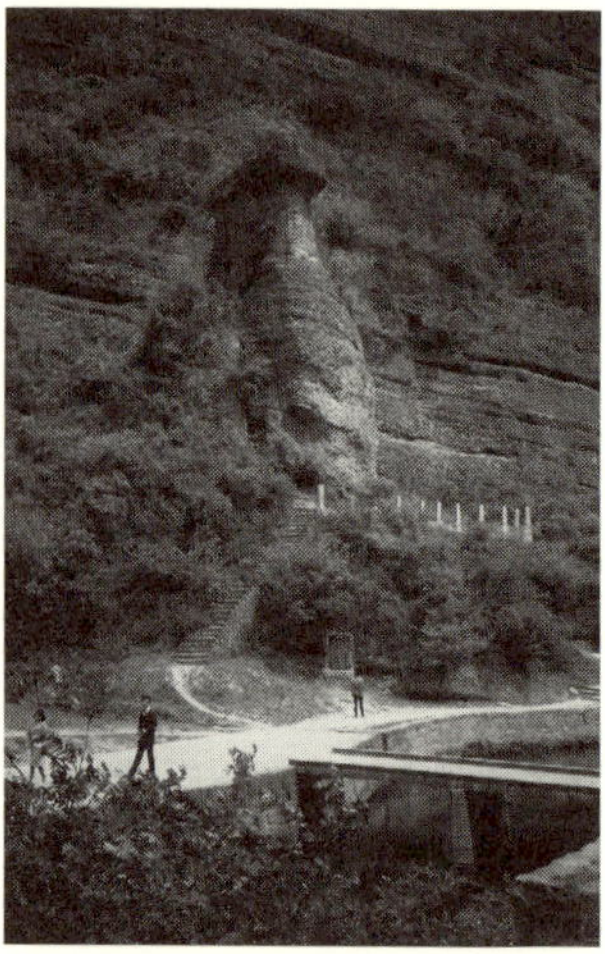
怒りと悲しみのあまり石化した姜維軍将校の姿とされる石冑（剣門関）

して、あっさりと降伏した。ここに蜀漢はわずか2代で滅亡したのだった。

蜀漢の平定がなれば、そこから長江を下り、孫呉を西から攻めることができる。北方からの進撃と並行して行えば、勝利は間違いなしであったが、曹魏ではその前に一波乱起きる。司馬昭の跡を継いだ司馬炎が曹魏の曹奐に迫り、晋（西晋）への禅譲を行わせたのである。

かくして三国時代の幕引き役は曹魏ではなく司馬氏の晋の手に渡り、280年にそれは難なく達成された。ただし、司馬炎こと晋の武帝が子や孫を地方の王に封じ、軍事の大権を授けたこと、外戚賈氏の専横、および曹操以来多くの異民族を華北に移住させながら、戦乱がやむとともに差別が復活したことなどが重なり、西晋王朝の時代は思いのほか短命に終わるが、それは乱世という点では同じでも、三国志とはまた別の性格の話になる。

年	主な出来事
252	孫権が死去
253	蜀漢の費禕が不慮の死を遂げる
	孫呉で諸葛恪が誅殺される

254　曹魏で司馬師が政変を起こす
255　司馬師が寿春で起きた反乱を平定
　　　司馬師が死去。弟の司馬昭が後を継ぐ
256　蜀漢で姜維が大将軍となる
257　曹魏の諸葛誕が寿春で反乱を起こす
258　司馬昭が諸葛誕の反乱を平定
260　曹魏でクーデターが起きるがすぐに鎮圧
262　姜維の北伐軍が鄧艾に敗れる
263　蜀漢の滅亡
264　成都で鍾会による謀反が失敗に終わる
　　　孫呉で孫皓が即位
265　曹魏から晋（西晋）へ禅譲。司馬炎が即位
266　孫呉が武将から建業へ都を戻す
271　劉禅が死去
280　孫呉の滅亡。晋による天下統一がなる

一章 魏・呉・蜀の謎

「魏」の国名の由来は、前11世紀にさかのぼる？

中国の歴代王朝や割拠した国々の名称の大半は地名に由来し、曹操が築いた魏の国もその例に漏れない。

さかのぼること前11世紀中頃とされる周王朝（西周）の成立時、初代の王・武王の子にして二代目の王・成王の弟である唐叔虞は晋の地に封じられるが、その版図は現在の山西省全域と陝西省・河南省・河北省の一部に及んでいた。

その晋公の力も前6世紀後半にはすっかり衰え、実権は知氏・范氏・中行氏・韓氏・魏氏・趙氏の重臣六家に握られる。このなかでも権力闘争が起こり、まずは范氏と中行氏が晋の地から追われるが、残る4家のなかでは知氏の実力が飛び抜けていた。

知氏が趙氏を滅ぼそうとしたとき、韓氏と魏氏は協力を余儀なくされたが、趙氏が滅ぼされれば、次に狙われるのは間違いなく自分たちであることから、両氏は土壇場で寝返り、趙氏と手を組んで逆に知氏を滅ぼした。これにより晋の実権は韓氏・魏氏・趙氏の三家の握るところとなり、前403年ないし前401年には周の王から正式に諸侯と認められた。

中国史上、この出来事もしくは知氏が滅ぼされ、晋が実質上三国に分割された前451年をもって春秋時代と戦国時代の区切りとすることが多い。

その魏の版図は現在の陝西省東部から山西省の南部を経て、河南省の北東部にまで及び、当初の都は現在の山西省南西部に置かれていた。西方から台頭した秦の攻勢が強まり、前361年には現在の河南省開封市付近に遷都するが、魏が滅んだのちも、そのあたり一帯は漠然と魏と呼ばれ続けた。

漠然とした地名であるから中心が多少ずれても問題はなく、曹操が魏公に任じられたのは213年5月のことだが、その4か月前には隣接する諸郡から計14の県が魏郡に移管され、魏郡の範囲は現在の河北省南部から山東省西北部、河南省北部一帯に及ぶ非常に広大なものと化していた。実効支配下に置いているなかでも特に人口密度の高い地域が、献帝の勅令により版図として公認されたのだった。

中国史上、魏を国号とした国はいくつもある。そこで便宜上、戦国時代のそれを単に魏とし、後漢末から三国時代のものは曹魏、南北朝時代のものは北魏・東魏・西魏などと呼び分けることもある。

曹操軍の中で最も優れた武将とは

頼れる一族衆と挙兵以来の臣下

曹操軍団は文武ともに人材豊富。だが、前線の指揮を託すとなるとやはり信頼度の高さを重視してか、曹仁・曹洪のような一族衆か夏侯惇・夏侯淵のような挙兵以来の腹心を優先させた。

曹仁は曹操の従弟で、若い頃から弓術・馬術・狩猟を好んだというから、個としての武勇に秀でていたことがうかがえる。

それに加え、曹仁は武将としての才も兼ね備え、主に騎兵部隊の指揮官として数々の戦いで獅子奮迅の活躍を見せた。孤立した配下をも見捨てることなく、215年の荊州争奪戦において江陵に駐屯した際、数で十倍も勝る敵に包囲され、誰もが絶望した300人の配下を見捨てることなく、直属の勇士数十騎だけを率いて突撃を敢行。大半を救い出すという離れ業をやってのけている。

２０６年に袁紹の残党を掃討するにあたっても、皆殺しを宣言する曹操を説得して考えを翻させ、穏やかな勧告により降伏を円滑に進めており、樊城で関羽の水攻めに遭った際も弱気になる将兵を勇気づけ、最後まで持ちこたえさせるなど、武勇一辺倒の武将ではなく、曹操からも勇気と智略を兼ね備えた英傑として高く評価されていた。

曹操軍団の構成

文官	武官		
	親族衆	譜代	帰順組
郭嘉	曹仁	楽進	徐晃
荀彧	曹洪	于禁	張遼
荀攸	曹休	李典	張郃
程昱	曹真	典韋	龐徳
賈詡	夏侯淵	許褚	
鍾繇	夏侯惇		
陳羣			
華歆			
司馬懿			

曹洪は曹操の従弟で、その従軍人生において傑出した武功が二つある。一つは１９１年に洛陽を放棄した董卓軍を追撃した折、伏兵に遭って大敗を喫し、曹操が乗馬を失ったときである。曹洪は、「わたしがいなくとも天下に差し支えありませんが、あなたはなくてはならない存在です」と言って自分の馬を譲ると、徒歩で曹操のお供をし、川に行く手を阻まれれば岸辺を駆けずり回って船

を手に入れ、曹操の生還を成功させた。

もう一つは194年に曹操が陶謙討伐のため、徐州に出撃していたときである。張邈が呂布と結んで反乱を起こしたが、曹洪はいち早く東平と范を占拠して、曹操への補給を絶やさぬよう努めるかたわら、反乱に与しなかった東阿を根拠地にして、張邈と呂布から十県以上の領地奪還に成功。吝嗇な性格ゆえに曹丕から恨みを買っていたが、曹操からの信頼は生涯揺らぐことはなかった。

信頼の点では夏侯惇・夏侯淵も曹仁・曹洪に引けを取らず、夏侯惇は目立った軍功こそないが、最終的に将軍号の最高位である大将軍になっていることから、地味ながら着実に任務をこなしていたことがうかがえる。

一方の夏侯淵は、214年の馬超・韓遂との戦いで抜群の働きを見せ、軍令違反者を死刑にできる仮節の権限を与えられているが、曹操から「指揮官たる者、臆病なときもなければならず、勇気だけを頼みにしてはならない。行動に移すときは智略を用いよ」と何度も戒められていた。それにもかかわらず、漢中の守備を任されていたとき、軽率な行動がもとで命を落とすこととなった。

わずか7000人の軍勢で10万人の敵軍を撃破

以上の4将以外では、「魏書」の「巻第十七」に張遼、楽進、于禁、張郃、徐晃の列伝があり、彼らは副将や援軍の指揮官として派遣されることが多く、この並びは陳寿が見たところの軍功の大きさ順と受け取ってよいだろう。

張遼は并州刺史の丁原、宰相の何進、董卓、呂布と次々と主を変えながら、呂布が捕らえられてからは一貫して曹操に仕えた。相手が徹底抗戦するつもりなのか降伏の機会をうかがっているのか見極める眼力を備え、軍中で反乱が起きても慌てふためくことなく、その規模を推し量り、最善の対処法を取れる冷静さをも有していた。数ある軍功のなかで最高のものは、楽進・李典とともに7000余の兵を率いて孫呉との最前線拠点である合肥に駐屯していた215年のことで、孫権が10万の大軍を率いて押し寄せてくると、張遼は孫呉軍による包囲網が完成する前に先制攻撃を仕掛け、あと一歩のところで孫権を取り逃がしながら、みごとなまでの大勝利を博している。

楽進は小柄な身体つきながら、敵が誰であろうと命令を下されればいささかも怯むことなく突撃するなど、胆の据わりようは人一倍で、張遼・于禁と並び、武力に優れるだけでなく、計略も行き届いていると、惜しみない賛辞を送っている。

于禁は219年に樊城の救援に派遣されながら、関羽に降伏するという晩節を汚す行為を犯してしまったが、それまでの戦いでは必ずと言っていいほど曹操の期待に応える働きを見せた。曹操が197年に張繡の反乱に遭って敗れた際には、青州兵が曹操直属であるのを知りながら、規律を乱した彼らへの制裁と張繡軍の追撃に備えた立て直しを優先させ、無断で青州兵を処分したことについての弁明も急がなかった。賢明な曹操であれば、一方の訴えだけで裁きを下すことはないと見込んでの英断だった。

張郃は袁紹に仕えていたが、200年の官渡の戦いに際して曹操に降った。数々の戦いで軍功を重ねたことから、戦局の推移を巧みに読み取り、陣構えにも疎漏なく、戦争の状況や地形を欠かさず考慮し、計略どおりにいかないことはなかったと、陳寿からの評価も高い。最期は諸葛亮の北伐軍相手に戦死を遂げる（231年）が、それは司馬懿に無謀な追撃を命じられたからで、彼の咎ではなかった。

徐晃は慎重そのものの性格で、進軍に際しては必ず遠くまで物見を出し、敗れた場合の備えをしてから戦闘に突入するのを常とした。数ある軍功のなかで最大のものは樊城を包囲する関羽を撃破したもので、そのときの周到な作戦は徐晃でなければ実行は難しいものであった。

以上は軍の指揮官を務めた武将であるが、曹操軍団には彼らの他にも、曹操の親衛隊長として名を馳せた者がいた。典韋と許褚がそれで、典韋は勇猛なことこの上なく、曹操が197年に張繍の反乱に遭って重大な危機に陥ったときにも死力を尽くして戦い、身に数十か所の傷を負いながら曹操を守り抜き、目をかっと見開いたまま立ち往生を遂げた。

その典韋の役割を引き継いだのが許褚で、質朴で口数も少なく、虎のような怪力を有しながら、普段はぼうとしているように見えたので、「虎痴」と呼ばれたが、いざというときには表情が一変。そのひと睨みで馬超をもひるませるほどだった。

さて、曹操軍団の面々から最強の武将を選ぶとすれば、もっとも適任なのは張遼であろう。個としての武勇はもちろん、軍の指揮官としても優れ、総合的に見ても彼に比肩しうる者はいない。司馬懿も指揮官としては優れているが、個としての武勇はまったくなので、やはり張遼に軍配を上げざるをえない。

策謀家の曹操をはるかに上回る軍師らとは

魔術師のごとき存在の荀彧

曹操自身も当代一流の策謀家であったが、人材集めを好む彼は軍師・幕僚の招聘に熱心で、優秀な人材を数多く抱えていた。すべてを挙げようとすれば切りがないので、ここではとびきりに優秀な荀彧、荀攸、郭嘉に絞って話を進めよう。

荀彧は名門の出身で、若い時分に人物鑑定の名人から、「王者を補佐する才の持ち主」と評されていた。それだけに荀彧が袁紹を見限り、曹操のもとへ走ると、曹操から「わしの子房である」と歓迎された。子房とは前漢の建国者である劉邦に謀士として仕えた張良のことで、前漢武帝時代の歴史家・司馬遷からも、「謀を本営の中で巡らし、勝利を無形のうちに決する」と、魔術師のごとき存在と評されていた。

張邈が呂布と結託したことを一番に察したのも荀彧で、彼の素早い対応がなければ、曹操は根拠地のすべてを失うところだった。１９４年に徐州牧の陶謙が死去したとき、先に徐州を攻め取って英気を養い、然るのち呂布を討ち取ろうと言う曹操を諌めた。激しい抵抗が予想される徐州はしばらく放置して、麦の刈り入れをしたのち、呂布を討つよう作戦を改めさせたのも荀彧なら、献帝奉迎を強く勧めたのも彼だった。

呂布と張繡、袁紹と三方で敵に接するなか、もっとも効果的な優先順位を明示したのも荀彧なら、袁紹との直接対決を躊躇う曹操の尻を叩いたのも荀彧。許の留守を預かり、兵糧が尽きて弱気になりかけた曹操に必勝の道理を具体的に説くことで力づけ、撤退を思いとどまらせたのもそうなら、明くる年に袁紹との再戦か荊州討伐を先にすべきか迷う曹操に前者を優先するよう説いたのもまた彼だった。

荀攸は荀彧の従子にあたる。荊州で天下の形勢をうかがっていたところ、献帝を奉迎したばかりの曹操から招聘され、出仕を決めた。荀攸について曹操はこう語る。「表面的には愚鈍に見えながら内実は英知を有しており、表面的には臆病そうに見えながら内実は勇気に溢れ、表面的にはひ弱に見えながら、内実は剛毅である」と。

曹操の分析は正しく、荀攸は思慮深く緻密で、事を処理する判断力と身の危険を避ける英知を有している。実際に196年に張繡討伐にあたり、曹操ははじめ荀攸の進言に従わなかったために敗れ、次には進言に従ったおかげで勝利を得ることができた。

198年に呂布を下邳に追い詰めながら、なかなか陥落させることができず、曹操が撤退を口にしたときも、郭嘉と荀攸が強硬に反対したため曹操は攻撃の続行と水攻めの採用を決め、呂布を虜にすることに成功したのだった。

さらにいえば、200年に行われた袁紹との白馬の戦いにおいて、袁紹が片腕と頼む顔良を討ち取ることができたのも荀攸の計略の賜物なら、官渡の戦いに際して袁紹軍の輜重隊を襲うよう進言したのも荀攸で、多くの者が疑念を抱くなか、降伏してきた許攸の言うことを信じ、袁紹軍の兵糧庫を焼き討ちするよう進言したのも賈詡と荀攸の二人だけで、202年に袁譚・袁尚の討伐と荊州平定のどちらを先にすればよいか諮問したときも、後者を先にという声が大勢を占めるなか、前者を先にすべきと主張したのもやはり荀攸だった。多数決によらず、説得力のある進言に従う。曹操にそれだけの賢明さがあったからこそ、荀攸も水を得た魚のごとく活躍できたのだった。

予言者の域に達した郭嘉

三人目の郭嘉も袁紹を見限った人物の一人で、荀彧の推薦により曹操に仕える身となった。郭嘉は初対面で曹操が仕え甲斐のある英傑と見抜き、曹操も大事をなすに不可欠な人物であると見て取った。郭嘉の見識はもはや予言者の域に達しており、官渡の戦いに際して、孫策が許の襲撃を計画中との情報に周囲が浮足立つなか、郭嘉だけは警戒心の薄い孫策が匹夫（取るに足らない輩）の手にかかって死ぬと予測。果たして孫策はかつて自分が滅ぼした者の食客の手にかかり、命を落としたのだった。袁紹の死後、袁譚と袁尚は必ず内輪揉めを起こすから、しばらく事態を静観するよう進言したのも郭嘉なら、袁尚を支援する烏丸族討伐に出向けば、荊州の劉表が劉備に許を攻撃させるのではないかと不安がる曹操に対し、その可能性がないと断言したのも郭嘉で、２０７年の烏丸遠征の途中、輜重を留め置き、軽装の将兵だけで敵の不意を突くよう進言したのもまた郭嘉だった。

残念ながら、この遠征から帰ってまもなく郭嘉は病死する。享年三八。のちに赤壁の戦いに敗れた際、曹操は嘆息して、「郭奉高（郭嘉のこと）が生きていれば、わしをこんな目にあわせなかっただろうに」と口にしたという。

これら三人はいずれ劣らぬ名軍師だが、あえて一番を選ぶとするなら、荀彧とするのが妥当だろうか。荀彧と荀攸の実力差は鼻差ほどで、郭嘉は早死にしたため、曹操に仕えていた期間が短いのがマイナス材料である。郭嘉が生きていれば２０８年の赤壁の敗戦が避けられたかどうかも確認のしようがなく、曹操の発言も感傷にすぎるきらいがある。

シャーマニズムをうかがわせる「呉」の国名とは

「呉」の字は祝祷に由来か

狭い意味での呉は現在の江蘇省蘇州市をさし、広い意味では呉は江南・江東とほぼ同じ地域をさす。

春秋時代に栄えた呉は伝説上、周王室と先祖を同じくする。古公亶父という遠祖には上から太伯、仲雍、季歴という三人の男子がいて、古公亶父が季歴に跡を継がせたく思っているのを知ると、太伯と仲雍は江東の地へと落ちて、頭髪を短くして身体に刺青をし、もはや周の人間ではないことを示した。太伯は土地の異民族から慕われ、首長として擁立されるが、彼には子がなかったことから、彼の死後は仲雍が跡を継ぎ、その子孫が春秋時代になって呉王を称したのだった。

呉の名が採用されたのかは明らかではないが、日本の漢字研究の第一人者である白川静の『字統』（平凡社）によれば、「呉」は祝祷（神官に依頼して神に祈ること）を納める器と人が頭を傾けている形の組み合わせからなり、身をくねらせて舞う形で神を楽しませ、祝祷を行なうことを意味するということからシャーマニズム色が感じられる。

中華思想は華夷思想とも呼ばれ、その価値観に従えば、現在の陝西省西部を故地とする周王室は中華と認められない蛮夷（異民族）の出身であるが、太伯と仲雍が移住した江東もまた蛮夷の地だった。江東に限らず、長江流域全体が蛮夷の地と見なされ、同地の君侯はそれを逆利用して、春秋時代の諸侯が周の王を憚り、王の称号を名乗らなかったのに対し、長江中流域に興った楚の君主のみが前8世紀中頃から王の称号を用い始め、長江下流域に興った呉と越がこれに続いた。呉の国自体は前473年に越によって滅ぼされるが、その後も呉は漠然とした地名として生き続けたのだった。

ちなみに、孫権が帝位についたのは229年4月のことだが、それより前の222年10月から魏とは異なる独自の元号を使用している。その前年には曹魏に使者を送って臣と称し、見返りとして呉王に封じられているから、呉の建国をどの時点とするのが適切なのかは意見の分かれるところである。

独自の年号を用いることは対等の関係であることを表わしており、息子を人質として差し出すようにとの曹魏からの要求にも言を左右にして応えず、同年9月、魏が呉へ兵を進める態度を示したことを受け、翌月に独自の年号を定め、11月には蜀漢との外交関係を修復。曹魏への臣従は蜀漢の脅威に対抗するための一時的方便にすぎなかったのだった。

曹魏、蜀漢より大義名分が弱い理由

それにしても、孫呉は曹魏・蜀漢と比較すると、大義名分の上で弱みがあった。曹魏が曲がりなりにも後漢の献帝から禅譲という正式な儀式を経て帝位を引き継ぎ、蜀漢が漢帝室の血を引くとの理由で後漢の再興を掲げていたのに対し、孫呉には瑞祥の出現以外にこれといった口実はなく、瑞祥であれば曹魏と蜀漢でも出現していたからだ。

曹操の統制下に後漢が命脈を保っているあいだは、われこそが真の後漢の輔弼者と唱えることで正統性を保つことができたが、後漢が滅亡した途端、その再興を掲げるのではなく、孫権みずからが帝位についたのでは、帝位僭称者の汚名を免れない。一度は曹魏に臣従を誓っているのだからなおさらだった。

これらの事情もあって、『正史』では曹魏、宋代に儒学に革新をもたらした朱熹の教え（朱子学）では蜀漢を後漢の正統な後継王朝とする歴史観が打ち出されたのに対し、孫呉を正統とする歴史観はどこからも表われなかった。

流れ者が多い呉で、一際目立つ賊あがりのある武将とは

流れ者が多かった孫堅配下

孫堅から長男の孫策、次男の孫権へと継承された孫家について、陳寿は「おそらく孫武の子孫」と記している。孫武は春秋時代に軍師として呉の国に仕えた人で、兵法書の代表格である『孫子』の著者でもあるが、孫武から孫堅へと続く家系図は存在せず、両者の関係を示すものは姓が同じなことと、孫堅の出身地が広い意味での呉の範囲に含まれるということだけ。孫はありふれた姓なので、これだけでは孫堅が孫武の後裔との証拠にはならず、陳寿もそれを承知していたからこそ、憶測的な表現にとどめたのだろう。

『正史』の「孫堅伝」には孫堅の出身地は富春とあり、現在のところ浙江省富陽市の龍門鎮と場口鎮がおのおの、うちこそがその地であると名乗りを挙げている。

だが、それよりも注目すべきは裴松之の引いた注の中に、「孫堅の家は代々県の役人をしていた」とある点で、陳寿の記した本文にも孫堅が「若くして県の役人になった」とあ

る。つまり、孫堅の家は県レベルの名望家で、その上の行政区画である郡や州レベルの名望家からすれば格下もいいところ。いくら乱世とはいえ、積極的に従おうという気にはなれなかったのも無理はない。

孫堅は自身の才覚で私兵を増やすとともに、軍功を重ねることで県の尉（警察を司る役目）から郡の司馬（軍事を司る役目）、県の丞（副知事）になったところで黄巾の乱を迎え、乱平定の過程で佐軍司馬（伍長）、乱平定の功績で別部司馬（別動隊の指揮官）に昇進。その後も議郎（皇帝巡幸の際の従者）の官を授けられたのに続いて、長沙で起きた反乱に対処するため長沙太守に任じられ、平定を成し遂げたことで烏程侯に封じられた。そして反董卓軍への参加となるのだが、右の官職と爵位のなかで議郎と烏程侯は実質を伴わず、長沙太守も一時的なもの。武人としてはそれなりの出世を果たしたが、それでも郡や州レベルの名望家たちを低頭させるには不十分だった。

流れを変えた周瑜の存在

このような事情から、孫堅に臣従した武将は程普、黄蓋、韓当など他州の出身者、すなわち流れ者ばかり。郷里で参加した者は孫堅の人柄を慕う情熱家や相続できる資産が何も期待できないため、一旗揚げようと意気込む貧しい農家の次三男ばかりで、私兵を率いて合流する名望家はいなかった。

こうした傾向が変わるのは二代目の孫策のときからで、それに決定的作用をもたらしたのは周瑜の存在だった。孫堅は黄巾の乱平定の義軍を起こすにあたり、妻子を廬江郡（現在の安徽省合肥市廬江県）の舒に避難させたが、その場所がたまたま周瑜の故郷であったことから、同年代の孫策と周瑜はたちまち意気投合して親友の間柄となった。のちに孫策が袁術から兵を借り、江東の平定に乗り出すにあたり、周瑜が躊躇うことなく合流したのも孫策と個人的友誼抜きにしてはありえないことだった。

周瑜の父は県令（県知事）止まりだったが、任地が後漢の都のある洛陽であったから、同じ県令でも他とは重みが違う。しかも従祖父（父の同姓の従兄弟）の周景とその息子の周忠が三公（中央の最高官）

孫呉政権の体制

文官	武官		
	孫堅以来	**孫策以来**	**孫権以来**
張昭	程普	周瑜	甘寧
張紘	黄蓋	蒋欽	朱桓
顧雍	韓当	周泰	潘璋
魯粛		太史慈	朱然
諸葛瑾			

の一つである太尉（国防大臣）を経験していることから、舒の周氏は廬江郡ばかりか、その上の行政区画である揚州一円に名を馳せる屈指の名望家であった。そんな名望家が合流したことで、他の名望家たちも雪崩を打つように孫策のもとへ馳せ参じ、かくして孫策一代で孫呉は一大勢力へと成長を遂げたのだった。

そんな孫呉軍団のなかで優れた武将といえば、周瑜、太史慈、黄蓋、呂蒙、陸遜、甘寧などが挙げられるが、孫呉では武将と軍師の境目があいまいだったので、最強の武将を選ぶのはなかなか難しい。

個としての武勇なら黄巾軍の残党を震え上がらせた太史慈と異民族の討伐を効率よく成功させた黄蓋。指揮官としては周瑜か呂蒙か陸遜のいずれかで、両方兼ね備えているのは呂蒙と甘寧。周瑜は赤壁の戦い、陸遜は夷陵の戦い、呂蒙は関羽討伐戦を勝利に導いた最大の功労者である。関羽討伐戦は完全に意表を突く作戦だったが、赤壁での勝利は圧倒的な劣勢を覆しての勝利で、夷陵の戦いの性格もそれに近い。

甲乙つけがたいところだが、総合的な観点からすれば、右の三人の誰でもなく、甘寧を選ぶのがもっとも妥当と思われる。

甘寧は益州巴郡（巴郡現在の四川省東部）出身の流れ者。賊あがりの武将だけに言動に難ありだが、曹操と同じく能力主義の孫権から受けた恩に報いようと、孫権に孫堅の仇である黄権討伐の策を示したかと思えば、208年の夷陵ではわずか1000余人の兵で6000人近くからなる曹仁軍の猛攻を耐えしのぎ、益陽駐屯時には1300人の兵士で関羽軍5000人の渡河を事前に食い止めた。

みずから城壁をよじのぼり、敵軍の守将を捕らえたこともあるが、なかでも最大の武功は、213年にわずか100人余の精鋭のみで公称40万人からなる曹操軍の宿営地に夜襲を仕掛け、数十人の首級をあげる大勝利を博したことで、感極まった孫権の口からは、「曹操には張遼がおり、わしには甘寧がいて、ちょうど釣り合いが取れているのだ」と、これ以上ない賛辞が発せられた。

関羽に打ち勝った呂蒙よりも優れた呉の名軍師とは

道化どころか、実は硬骨漢だった魯粛

前にも触れたように、孫呉では武将と軍師の境目があいまいだった。文の重臣としては張昭、顧雍、諸葛瑾らの名を挙げることができるが、彼らの功績はあくまで内政であって、軍事における助言は皆無に等しかった。そうなると候補として挙げられるのは周瑜の後継者に指名された魯粛と、魯粛の後継者に指名された呂蒙くらいしかいない。

名軍師が少ない理由としては、北方の黄河流域に比べ、軍師を必要とするほどの大規模な戦いが少なかったことが関係しよう。需要がなければ人材も育たないということだ。

魯粛が天下三分の構想は別の項目で触れるので、ここではまず荊州北部を制圧した曹操から事実上の降伏勧告を受けたときの対応について触れることにしよう。

流れ者の多い武官が抗戦を唱えたのに対し、顧・陸・張・朱の各氏からなる呉郡（現在の江蘇省南東部）の四姓をはじめ、名望家たちからなる文官はほぼ降伏論一色に染まって

いた。そのようななか、軍議の席では沈黙を守りながら、孫権が手洗いのため席を立ったときに追いかけ、降伏の不可を強く唱えたのが魯粛だった。

魯粛の意見はこうである。文官たちは誰もが代々の名望家なので、降伏してもそれなりの地位と官職が約束されているが、孫権だけは何もかも奪われ、路頭に迷う羽目になると。魯粛の言う通り、当時の人材登用は徳や名声を基準にしていたから、トップが代わろうとも、確固たる地盤を持つ名望家は安泰だった。武功で成り上がった新興勢力の運命は個々によって異なるが、孫権ほどの大勢力と化してしまっては、残りの人生を幽閉の身で過ごせればまだましというのが実情だった。孫権もそれを悟ったからこそ魯粛の進言に従い、周瑜を呼び戻して意見を求め、抗戦することに決したのであって、自己の安泰より孫呉全体のことを優先させた魯粛の判断と行動は他の文官にはまねのできないことだった。

同じく魯粛の進言に従い、孫権は荊州全域を劉備に貸与することにしたが、劉備が益州を獲得してからも荊州返還の意思を見せないでいると、それまで友好的な姿勢に終始していた魯粛にしても、態度を改めざるをえなくなった。

かくして孫呉側全権の魯粛と、劉備側で荊州の留守を預かる関羽とのあいだで直接会談が行なわれるのだが、『演義』ではこの場面を「単刀赴会」と題して、関羽を堂々たる英傑、魯粛を不甲斐ない道化として描いている。しかし、『正史』によれば、この会談で毅然とした態度を示したのは魯粛のほうで、関羽のほうは魯粛の正論に対して答えに窮し、結局、劉備の側が荊州南部6郡のうち3郡を返還することで妥協が成立するのだった。ここで孫権と劉備の同盟関係を破綻させては、曹操を喜ばせるだけ。破綻を避けながら確実に果実を得る。折衝を成功させた魯粛の手腕は一流の軍師と呼ぶに相応しいものだった。

武将と軍師の役割を兼ねた逸材

魯粛が武人としての面が希薄なのに対し、呂蒙は武将でありながら軍師の役割も兼ねる人材だった。文武両道になれたのは別項で触れる。

呂蒙の数ある功績のなか最大のものは、やはり219年の関羽討伐戦の成功であろう。魯粛が最後まで劉備との同盟に固執したのに対し、呂蒙は荊州と長江全域を手中にすれば、単独で曹魏に対抗しうると考えていた。関羽とその配下が約定に違反し、たびたび孫呉領内を侵していたことも、呂蒙を関羽討伐へと走らせた大きな要因であった。

だが、呂蒙は軽率に事を進めることなく、表面上は魯粛存命時と変わらない友好姿勢を保っていた。呂蒙は、関羽が北伐を開始すると病気と偽り、軍勢の一部を引き連れ都の建業へ引き上げた。すると関羽は用心のため後方に残していた守備兵の大半を前線にまわし、長江沿いに多くの見張り台を建てることで、兵の足りない分を補った。

これこそ呂蒙の思うつぼだった。船底に兵士を潜ませた大型の輸送船を商船と思わせ、油断している見張り台の不意を突き、一つひとつ制圧していく。公安（現在の湖北省荊州市公安県）と南郡（現在の湖北省荊州市）をも難なく占領すると、自軍の将兵に略奪暴行の禁止を厳命し、違反する者がいればたとえ同郷出身者でも斬首刑に処した。一方、城内住民で病気や飢えで苦しむ者がいれば手厚く保護の手を差し伸べ、関羽のもとから使者が派遣されてくれば歓待したうえで城内をくまなく案内して、住民との会話も自由にさせた。

呂蒙の狙いどおり、帰還した使者から公安と南郡の様子を聞かされると、関羽の配下の多くは孫呉への敵愾心を失い、脱走する者が続出した。残った者たちも戦意は低く、もはや関羽軍に連勝していたときの面影はなくなっていた。呂蒙の完全な作戦勝ちである。

それでは魯粛と呂蒙では軍師としてどちらが上かと言えば、これは魯粛に軍配を上げたい。呂蒙の戦略は関羽を除いた後の見通しに甘い点があり、関羽への憎悪に流された部分も見受けられるからだ。それに対して魯粛はあくまで冷静であり、大局観においても呂蒙に一歩勝っていた。

人口不足にあえぐ呉は、沖縄まで兵隊狩りに出ていた？

山地に散在していた越国の末裔たち

現在の江南＝江東は中国随一の人口密集地だが、１８００年前はそうではなく、群雄の淘汰が進むに伴い、孫呉では人口と兵員不足が深刻化した。

戦乱の激しい黄河の流域から比較的平穏な地域に移住する。当時にあってはごく普通の選択で、事実、張昭や張紘、諸葛瑾など、徐州から江南に逃れてきた北来の名望家は少なくなかった。

けれども、全体としてみれば、移住先として荊州を目指す人のほうが断然多かった。劉表統治下の荊州は戦乱と無縁とまでいかないまでも、黄河流域に比べればはるかに平穏。しかも劉表が文化重視の政策を採ったことから、戦争にいっさい関わりたくない資産家で、読み書きのできる層の大半が荊州を目指したのをはじめ、それ以外の人びとも生活上の便宜を考慮して、荊州を選ぶ場合が多かった。江南はいまだ沼沢地が広がるばかりの未開拓地で、生きていくのが難しいと目されていたのである。

版図としては広くとも、人口密度が低いままでは話にならない。生産力を増やしながら兵力も増強しなければならない状況下、できうる手段は限られていた。それは一つには山越と称された先住民や、どの勢力にも属していない民を帰服させ、また一つには外から人を調達するというものだった。

夷州は現在の台湾か、沖縄か

山越とは会稽(現在の浙江省紹興市)に都を定め、春秋時代後半から前4世紀まで存続した越国の遺民たちで、江南からベトナム北部にかけて広く居住し、多くの部族からなっていたことから、漢代には百越と呼ばれた。現在で言うベトナム系住民であったと推測される。

江南では平地に居住していたが、漢人の移住者が増えるに伴い、平地から山岳地帯へと追われ、山越と呼ばれるようになった。統一君主などはおらず、山岳ごとに孤立していたことから平定に時間はかかったが、見方を変えれば、各個撃破しうる相手であったわけで、彼らを降伏させ、稲作の労働力として、また兵士として用いれば相当な国力の増強が期待できた。その他の不服従民についても同じことが言える。

それでも足りないとなれば、あとは外部から調達するしかなく、『正史』の「呉主伝」にはそれに関連すると思われる記述が見受けられる。

大要はこうである。２３０年、孫権は将軍の衛温と諸葛直に武装兵1万人を与え、海の彼方にある亶州という島を捜索させた。そこには秦の始皇帝の時代、不老不死の仙薬を求めて船出したまま帰らなかった徐福一行の子孫が代々伝わって数万戸にも増えたと伝えられ、将軍らに託された使命はその民を連れ帰ることだった。しかし、彼らは亶州を見つけることができず、夷州から数千人の住民を連れ帰っただけだった。

ここにある夷州は台湾のこととも沖縄本島のこととも言われるが、亶州のほうははっきりしない。種子島とする説もあるが、そもそも存在しない架空の島である可能性もある。

ともあれ、連れ帰ったと言えば多少聞こえはよいが、要は人間狩りにほかならなかった。壮年男子だけを連れ帰ったのならば兵隊狩りである。それだけ孫呉は追い込まれていたわけで、スタート時点でつけられた差は一度や二度の戦勝で埋められるほど小さくはなかったのだった。

「蜀」の国名は、なぜ「目」と「虫」が入った字を使っているのか

悪意が見える？　「蜀」の字形

蜀という地名は益州全体を指すこともあれば、現在の四川省を指すことも、成都市を中心とした四川省中部のみを指す場合もある。本来は三番目の使用に始まり、現在の重慶市から四川省東部にかけては巴と呼ばれ、巴蜀といえば、四川省東半分から重慶市一帯を指す言葉であった。西半分が四川省に組み入れられたのは20世紀のことで、それまではチベット系民族の居住する異域と目されていた。

魏と呉が地名に由来する国名であることは前にも触れたが、蜀も同じである。だが、「蜀」という漢字は実におかしな作りと言えよう。「虫」の字が含まれていることからも、悪意のようなものさえ感じられる。風土病を媒介する虫がうようよしている。現代の感覚からすれば、そのようにも受け取れるが、実のところ悪意とは無縁のようだ。そのヒントは4世紀中頃に成立した『華陽国志』という歴史・地理書と四川省広漢市で1986年に発見

された三星堆遺跡にある。

同書によれば、蜀を最初に統治したのは蚕叢という王で、彼は「縦目」を有していたと記されている。養蚕技術を有していたとも受け取れるが、三星堆遺跡が発見され、眼球の飛び出した大型の青銅製仮面が多数出土するに及んで、目に対して独特の敬意を抱く文明であることが判明した。

三星堆遺跡はいわゆる長江文明を代表する遺跡で、時代的には殷の中期から後期にあたる。黄河の中流域で殷王朝が栄えていた頃、長江上流域では同じ青銅器文明でありながら、殷とは大きく世界観の異なる文明が栄えていたのだ。

その記録が『史記』や『漢書』などに一切ないのは北方にまで情報が行き渡らなかったからで、『華陽国志』は東晋という長江流域を版図とした王朝下で編纂されたからこそ、地方にだけ伝わる記録が採用されたのだろう。

飛び出した眼球が特徴的な三星堆遺跡出土の青銅製仮面（三星堆博物館蔵）

「虫」と横にされた「目」の字に秘められた意味

目に特別な感情が込められているとするなら、「蜀」の字のなかでも「虫」に加え、横にされた「目」の字にも注目しなければならない。「虫」と「目」を併せた「蜀」の字には、黄河中流域だけを中華とみなし、他を文明の及ばない野蛮な地とする価値観に異を唱える強いメッセージが込められていると見なすべきだろう。

三星堆遺跡の主がいかなる民であったかは明らかではないが、その後裔である古代蜀王国が秦によって併合されたのは前316年のことだった。以来、蜀の地は国内植民地のような扱いのまま時が流れ、漢代になってようやく巴蜀と現在の雲南省および貴州省の一部を併せた範囲が益州という行政区画とされ、後漢末には帝室の血を引く劉焉が牧として赴任。彼の死後は子の劉璋に受け継がれたのだった。

関羽、張飛よりも勇将と軍配が上がる「ある武将」とは

五虎大将とは

『演義』には、劉備の漢中王即位とともに、関羽・張飛・趙雲・馬超・黄忠の五人が五虎大将に任じられたとある。関羽と張飛は挙兵以来、趙雲もそれに次ぐ古参の勇将で、黄忠と馬超も遅参ながら、劉備の覇業に大きく貢献したことに変わりはない。彼らに比べると、魏延や姜維、王平などはやはり見劣りがするので、蜀漢で最強の武将を選ぶとすれば、やはり五虎大将の誰かとなろう。

陳寿は「蜀書」の「巻第六」で、右の五人を関羽・張飛・馬超・黄忠・趙雲の順に取り上げている。これは劉備に臣従した順番ではなく、陳寿の独断による、劉備に対する貢献度の順と見てよいだろう。このことは陳寿が「巻第六」を閉めるにあたり、関羽と張飛について、「いずれも一万人の敵を相手にできる男と賞賛され、この時代の勇猛の臣であった」と高く評価していることからもうかがえる。

関羽が個としても指揮官としても優れた武将であったことは、２００年に袁紹が頼みとする文醜を討ち取ったことや、２１１年に荊州の留守を託されたこと、２１９年には樊城の救援に来た曹操軍を壊滅させ、于禁と龐徳を生け捕りにしたことなどで実証される。

二番手の張飛にしても、２０８年にわずか20騎を従えるのみで橋の上に立ちふさがり、曹操軍の進撃を止めたことや、２１４年の益州攻略にあたり巴郡太守の厳顔を生け捕りにしたこと、漢中争奪戦において曹操軍の一翼を担う張郃を撃破した事実などで実証される。

だが、この二人にはそれぞれ欠点もあった。関羽は自信過剰、張飛は刑罰を乱用しながら警戒心の薄いことが仇となり、二人ともそれで命を落とすことになった。

最強の武将はバランスの取れたあの人

馬超と黄忠はどうかといえば、馬超は関中時代の実績と威令から、２１４年には城下に迫っただけで一戦もすることなく益州牧の劉璋を降伏させ、黄忠は２１９年の漢中争奪戦において夏侯淵を討ち取るという大手柄を挙げており、関羽・張飛には及ばずながら、二人とも蜀漢では屈指の勇将であったことは明らかである。

次に趙雲だが、陳寿の記述は簡潔にすぎ、２１９年の長坂の戦いにおいて劉備の甘夫人と幼子（のちの劉禅）を保護したことと、228年の諸葛亮の第一次北伐に際して損害を最小限に抑えながら撤退に成功した事実が述べられているだけである。

しかし、裴松之が注に引いた『趙雲別伝』には、趙雲の荊州南部平定戦での冷静沈着ぶりや劉備に嫁いだ孫夫人に対する毅然たる姿勢、漢中争奪戦における奮戦、「空城の計」を使って数で圧倒的に勝る曹操軍に大損害を与え、劉備から「満身胆（全身が肝っ玉）」と称賛されたこと、劉備の東征に強く反対したことなどが事細かに記されている。

荊州入り前の劉備軍団

文官	武官
孫乾	関羽
糜竺	張飛
糜芳	趙雲
簡雍	

蜀漢政権成立時の体制

（　）は出身州

文官	武官
諸葛亮（徐）	張飛（幽）
馬良（荊）	趙雲（荊）
伊籍（兗）	黄忠（荊）
法正（雍）	馬超（雍）
許靖（豫）	馬岱（雍）
蔣琬（荊）	魏延（荊）
費禕（荊）	王平（益）
楊儀（荊）	張嶷（益）
	劉封（荊）
	李厳（荊）

これら諸事情を勘案すると、蜀漢で最強の武将としては、趙雲を挙げるのがもっとも適切と思われる。個としての武勇も指揮官としての才も素晴らしく、公私のけじめがしっかり

として、関羽や張飛にはない大局観も有していた。彼ほどバランスの取れた武将は三国のなかでも稀有であり、非の打ちどころのない武将とは、まさしく趙雲のような人を言うのだろう。

赤壁の戦い以前の劉備軍団においては関羽・張飛・趙雲の存在が抜きん出ていて、彼らに次ぐ存在としては、劉備の養子に迎えられた劉封を除いては、これといった人名が伝わっていない。その後、荊州平定の過程で黄忠や魏延、漢中争奪戦の過程で馬超や王平、蜀の平定後に張嶷、北伐の過程において姜維の参加を得ており、黄忠と馬超を除けば、一番の武将は姜維と魏延だった。魏延は悪く言われることが多いが、関中から漢中に通じる要衝を守り、使命を全うしていた事実からすれば、蜀漢政権内だけでなく、曹魏からも実力を認められていたと言えよう。

姜維についての評価は難しいが、張嶷は南征、王平は北伐におけるその働きから、五虎大将とは比較にならないとはいえ、それなりに優秀な武将であったことは間違いない。

富楽山に建てられた五虎上将の騎馬像（四川省綿陽市）

諸葛亮が蜀で一番の軍師と言えない理由

一番は諸葛亮ではない？

劉備軍団および蜀漢政権の軍師といえば、誰もが真っ先に諸葛亮の名を頭に浮かべるに違いない。たしかに、劉備に天下三分の計を示し、身の危険に怯える劉琦に難を避けるための策を授け、迫りくる曹操の大軍を前にして孫権の説得に赴くなど、益州平定前の諸葛亮は軍師として十分期待に応える働きをしていた。

しかし、丞相となってから、それも223年の劉備死後の諸葛亮は事実上の最高責任者であり、その時期における働きはもはや軍師の域を越えている。益州平定前の活躍にしても、その大半が『演義』の創作であることから、蜀漢で一番の軍師を選ぶに際しては、諸葛亮を除いて考えるのが妥当だろう。

結論を先に述べれば、蜀漢で一番の軍師は法正を置いて他におらず、益州平定前の劉備軍団においては龐統が諸葛亮に比肩する存在だった。劉備が諸葛亮を荊州の抑えとして留め置き、軍師としては龐統のみを従えて出陣したのも、その力量を認めていたからこその人選だった。

残念ながら、龐統は２１４年の成都への進軍中、流れ矢に当たって命を落としてしまったため、劉備に仕えていた時期は短い。しかし、その短期間のなかで龐統は結果を出した。採用こそされなかったが、涪（現在の四川省綿陽市）まで出迎えに赴いた劉璋を捕らえるよう進言したのも龐統なら、最上の策として漢中へは向かわず、精鋭を選び、昼夜兼行で成都を急襲するよう進言したのも龐統だった。劉備は荊州に帰還すると見せて、別れの挨拶にやってきた劉璋配下の２将を斬るという次善の策を取るのだが、結果としてこの選択が成都占領を遅らせ、龐統を死なせることになったのだった。

蜀になくてはならない名軍師

龐統に代わり、軍師としての役目を務めたのは早くから劉璋を器でないと見限り、劉備の奉戴に積極的に動いていた法正だった。

どう対処したらよいか狼狽するばかりの劉璋に道理を説き、すんなりと降伏させたのも法正で、彼はこの功績を認められ、蜀郡太守・揚武将軍に任じられた。都の外では畿内の統治、劉備の側では策謀を巡らす役割を託されたのである。過去に受けた恩恵と怨恨を忘れず、権力を利用して復讐を重ねる行為も見られたが、劉備も諸葛亮も非常時に欠かせぬ人材ということで、その罪を一切問おうとはしなかった。

曹操が211年に漢中を平定したときも、曹操が夏侯淵と張郃に後を任せ、自身は帰還したのを見て、法正は劉備に進言した。曹操が帰還したのは差し迫った事情があるからで、夏侯淵と張郃では漢中を死守するには力量が足りず、曹操も救援に駆け付けられないのであれば、今こそ進撃をする絶好の機会であると。勝利は間違いなく、漢中を獲得すれば、そこで農業を奨励して穀物を蓄え、機を見て雍州（現在の陝西省中央部と甘粛省東部）・涼州まで版図に収めることも可能。たとえ上手くいかなくとも、要害を堅く守ることで持久戦に持ち込むことができるとの策であった。

217年にいざ漢中への進軍が開始されると法正もそれに随行し、攻撃の最適のタイミングを示すことで、黄忠に夏侯淵を討ち取らせるという手柄を陰ながら演出したのだった。

219年7月の劉備の漢中王即位に伴い、法正は尚書令（副総理）・護軍将軍に任じられるが、法正はその翌年、45歳にして病死した。彼の死は産声を上げたばかりの蜀漢政権にとって大きな打撃で、222年に劉備を白帝城に見舞った諸葛亮は、法正が健在であれば劉備の東征を阻止できたであろうし、仮に東征を阻止できなかったにしても甚大な損害は免れたであろうにと述懐したほどだった。

法正亡き後、蜀漢政権には軍師の名に値する人材は現われず、諸葛亮亡き後、内政の後継者となった蔣琬にはそこまでの実力はなく、蔣琬の後継者となった費禕は十分な才覚を持ちながら、内政に追われ、軍事に時間を割く余裕がなかった。そのため姜維は北伐時の諸葛亮と同じく、自身が軍師の役目を兼ねねばならず、それがしばしば判断を誤らせる結果となる。人材の決定的な不足はどうあがいても埋めようのないものだった。

これ以前、諸葛亮は馬良と馬謖の兄弟に期待を寄せていたが、馬良は運悪く２２２年の夷陵の戦いで戦死。馬謖は幕僚としては優秀なのだが、現場には不向きな人間で、２２８年の街亭の戦いで致命的なミスを犯し、第一次北伐の戦果をすべて台無しにしてしまった。人材の養成は言うに易く行なうに難しだったのである。

二章

あの英雄の謎

リアリストの曹操が、感情に流されて失敗したある出来事

媚びもしなければ、何者をも恐れない曹操

曹操と言えば、仕事さえできれば素行不良など問題にしない徹底した能力主義、リアリストのイメージが強いが、生涯を通じてそれを貫いたわけではなく、特に若い時分にはブレが大きかった。目の前の現実に妥協せず、大勢にも俗にも流されることのない硬骨漢的な一面もあった。

たとえば、裴松之が注に引いた『曹瞞伝』という呉の人が著わした伝記に以下の逸話が載せられている。

曹操が174年、20歳にして洛陽北部尉（尉は県の警察部長）を拝命したとき、彼は県城の四つの門を修理させたうえで、各門の左右にそれぞれ五色の棒十余本を吊り下げ、禁令に違反する者があれば、誰であろうとも遠慮せず、棒で殴り殺すと布告。数か月後、禁止されている夜間通行を行なった者がいたので即座に殺害したが、その者は霊帝から寵愛

された有力宦官の叔父で、他の役人であれば見逃すところだった。曹操の断固たる行動に恐れおののき、洛陽では禁令を犯す者は皆無となったが、収まらないのは宮中に権勢を誇る宦官たちである。彼らは何とか口実を見つけて曹操を罰しようと企むが、曹操にまったく付け入る隙がないので、仕方なく県令への栄転というかたちで洛陽から追い出すしかなかった。

決して媚びない曹操の姿勢については陳寿も、黄巾の乱平定の功で済南国の相（太守）に昇進した曹操が貴族や権勢のある者を後ろ盾とする県の高官たちが贈賄汚職まみれな現状を見過ごすことなく、上奏してその八割までを免職にしたことを記している。

歴代の県の高官が手を出しかねていた新興宗教の禁止、及び根絶にも鉄腕を振るったが、これら一連の働きも曹操からすれば本来なすべき任務を忠実にこなしただけのこと。特別視や驚愕するほうがおかしいと思っていたのではなかろうか。

その一方で曹操は、大将軍の何進と袁紹が計画した宦官誅滅に対して嘲笑を浴びせた。宦官はいつの世にもいて当然の存在。君主が権力や恩寵を与えなければよい話で、仮に処断を下すなら首謀者一人を殺せばよく、それには獄吏が一人いれば足りる。皆殺しにするとなれば事が露見するに違いなく、失敗に終わるのは明らかであると。ここに見る曹操はすでに完全なリアリストである。

曹操がリアリストでないときもあった？

そんな曹操でも終始一貫リアリストに徹していたわけではなく、感情に流されたこともある。190年に反董卓の戦いのなかで経験したある出来事がそれだ。

形勢不利と判断した董卓が洛陽を放棄した直後のこと、反董卓連合軍に参集した諸侯がのきなみ追撃を躊躇うなか、曹操だけが改めて大義名分を説き、董卓を滅ぼす絶好の機会と主張。それでも諸侯が奮い立たないと見るや、単独で追撃戦を開始するが、陳留太守の張邈が一軍を分け与えてくれたのを除けば、どの諸侯も一兵たりとも動かそうとはしなかった。

董卓は追撃があるのを予期して将軍の徐栄に待ち伏せをさせていたが、曹操はこれにまんまと引っ掛かり、士卒の大半を失ったうえ自身も流れ矢に当たり、乗馬をも失う大敗北を喫した。

その間、他の諸侯は酸棗（現在の河南省新郷市延津県）に駐屯したまま、連日酒盛りに興じていた。満身創痍で生還した曹操は改めて董卓討伐の具体的な作戦を提示するが、一人として賛同する者はなく、今回は張邈の協力も得られなかった。

曹操の失望感は想像するに余りある。それに追い打ちをかけたのが袁紹による幽州牧の劉虞擁立計画と同じく袁紹による冀州簒奪で、曹操もこれを見ては董卓討伐を断念するほかなく、袁紹の推薦で東郡太守に任じられたのを幸い、政庁に指定された東武陽（現在の山東省聊城市莘県）を黒山の賊と呼ばれる匪賊集団から奪取して、みずからも群雄割拠の争いに参入したのだった。

これ以降の曹操は大義名分を掲げること少なく、献帝を奉迎してからは、その事実自体が大義名分と化したので、尚さら主張する必要もなくなった。

曹操の死は虫歯が原因？

曹操の健康診断の結果…

曹操は頭痛の持病を患っていた。『正史』からは症状として、「発作が起こると、いつも心が乱れ、目も眩んでしまう」、治療としては名医として天下に名の聞こえた華佗が「横隔膜に鍼を打つと、打つそばから痛みが引いていった」、華佗の死後も「完全には治りきっていなかった」という情報しか得られない。いったい現在で言う何という病気なのか。

これについてはNHK総合テレビの『偉人たちの健康診断』という番組で、「三国志・曹操　頭が痛い！　歯も痛い！」と題した特集の組まれたことがあるので、その内容を中心にしながら検討していこう。

結論を先に述べれば、同番組では頭痛外来を専門とする東京女子医科大学病院の清水俊彦医師の見立てとして、病名を群発頭痛と特定している。

群発頭痛とは頭の片側だけ、それも目の奥の辺りに激痛が走るほか、目の充血、涙や鼻水が止まらない症状などを伴う頭痛で、夜間睡眠中起こることが多く、1時間から2時間ほど症状が続く。それが1か月から2か月毎日のように繰り返され、半年から2年おきにぶり返す。

群発頭痛の原因はいまだ特定されていないが、脳の視床下部という部位が関係していることは間違いないとされる。そこが刺激を受けると、頭部に分布する三叉神経に痛みを感じさせ、三叉神経につながる目の奥の辺りで激痛を引き起こすからだ。

三叉神経は副交感神経ともつながっているため、三叉神経に異常が起これば目の充血や涙、鼻水につながる。また三叉神経は頭の左右に分かれて分布しているため、頭痛の症状は片側だけとなる。

埼玉医科大学の荒木信夫教授は以上に加え、目とつながっている内頸動脈の拡張も痛みに関係するのではないかと指摘している。内頸動脈という太い血管に炎症が起きると激しい痛みを伴うのだが、群発頭痛発生のさらに詳細なメカニズムにはまだまだ未知の部分が多く、今後の研究に期待するしかない。

曹操は頭痛の治療として、横隔膜に鍼を打たせていたが、現代医学の常識からすれば、これはよほどの名人の手によらなければ危険な方法という。華佗だからこそできた神業で、他の医師がまねをすれば、すぐさま命を奪いかねない死と隣り合わせの荒業であった。

現在では応急手当てとして、首の付け根を圧迫して冷やすのが有効とわかっているが、実は曹操もそれに近いことを実践していた。このことは、2006年に発見された曹操の墓の中から出土した石枕の形状によって有力な仮説となった。

曹操は華佗を名医と認めながら、本当は完治させることができるのに、より重く用いられようと、わざと病根を除かずにいるものと考え、華佗がなかなか休暇から戻ろうとしなかったときに痼癪を起こし、華佗を投獄して拷問を加えることで獄死させてしまった。

かくして華佗の治療を受けられなくなった曹操は、他に鍼を的確に打てる医師がいないことから、代案として石枕で首の付け根を冷やすようになった。これならば100パーセントとまではいかずとも、症状の発生と痛みを多少なりとも抑えることができる。曹操は何かの偶然から、そのことに気づいたのだろう。

骨に残された虫歯

ところで、先の番組の特集タイトルには「歯も痛い！」とあるが、こちらは持病とは関係なく、曹操の死因に関する問題である。こちらについては墓から発見された曹操の上顎の骨が大きな手掛かりとなった。

上顎の骨からわかったことは、残された2本の歯に大きな穴が開き、虫歯になっていたこと。明らかに抜け落ちた場所も確認されたことから、曹操が重度の虫歯や歯周病に悩まされていたことが推測された。

虫歯の原因菌はミュータンス菌と呼ばれるもので、これは血管を経由して臓器にも到達する。免疫力が正常に働いている限り問題はないが、加齢や過度のストレスによって免疫力が低下すると増殖して、腎臓の炎症や心筋梗塞を引き起こす場合が多く、死に直結することが珍しくない。

曹操の場合、悪い条件があまりに重なっていることから、虫歯が原因で病死した可能性が極めて高いと言える。

呂布の最強伝説に浮かび上がる疑惑

三国志最強の真相

呂布は三国志の中で最強の武将。『演義』を読む限り、誰もがそう思うであろう。一騎打ちでは負け知らずで、関羽と張飛の二人を同時に相手にしてもまだ余裕があり、袁紹・袁術をはじめ並みいる群雄から等しく恐れられたのだから。だが、実際の呂布もそうだったのだろうか。

陳寿は呂布の伝を含めた「魏書」の「巻第七」の末尾に「呂布は吠え立てる虎のごとき勇猛さをもちながら、英雄の才略なく、軽佻にして狡猾、裏切りを繰り返し、眼中にあるのは利益だけだった」と呂布に関する総評を記している。勇猛さを認めながら最強としていないどころか、マイナス評価を下しているのである。

同じく「巻第七」の冒頭には、「弓術と馬術に優れ、抜群の腕力を有していた」と記し、捕縛され曹操の前に引き据えられた呂布が「殿が歩兵を率い、自分に騎兵を率いさせたならば、天下を平定するのはわけないこと」と命乞いしたことも伝えている。

だが、個としての武勇だけでは優れた武将とは言えない。「自分に騎兵を率いさせたならば」というのも自己主張にすぎず、指揮官として本当の実力、采配のほどはどうだったのか。

実は『正史』を丹念に読んでも、この肝心な点がよくわからない。力戦して得た鮮やかな勝利は袁紹配下として常山（現在の河北省西北部）の張燕軍を撃破した戦いだけで、他は相手の留守を衝いたものばかりだからだ。

袁術配下の紀霊の進撃を受けた劉備から救援を求められた際、呂布は救援ではなく仲裁を買って出て、並みはずれた弓術を見せることで目的を果たしたが、それは両軍が呂布の武威に怖れをなしたからというより、戟の横に飛び出した小枝状の部分を一発で命中させたら双方戦闘を中止して引き上げるという約定を交わしていたからだった。乱世の戦場とはいえ、最低限のルールはあったのである。

では、本当の最強は誰か？

つまるところ、呂布は群雄の一人には違いなかったが、度重なる裏切りが重なり、一カ所に長居することができなかった。

特に最初の主君である丁原には大恩があり、二度目の主君である董卓とは父子の契りを結んでいたにもかかわらずだから始末が悪い。そんな呂布を快く迎えてくれた劉備をも裏切り、留守のあいだに城を乗っ取ってしまったのだから、人望を失い、配下の諸将に裏切られるのも無理からぬことであった。

時間をさかのぼって、董卓を殺しながら、その旧将たちの反撃を食らい、あっさり長安を放棄せざるをえなくなったのも単純な計略にはめられたからで、そこには最強の武将の面影は微塵もない。

それでは、三国志の武将の中で本当の最強は誰かといえば、張遼、甘寧、趙雲のうちの誰かになろう。三人に共通するのは寡兵をもって大軍に勝利したこと。味方を奮い立たせるという点でもっとも際立った才を見せつけたのは張遼であろうか。

三国時代の最大の功労者は　諸葛亮か周瑜か、それとも…

負け知らずのある人物とは

乱世における最大の功労者は富国強兵に大きく貢献した者か戦上手な者のどちらかになる。前者については誰よりも早く屯田を開始した曹操の存在が抜きん出ているので、ここでは後者についてのみ検討するとしよう。

勝敗を決したのが作戦や采配にあったのであれば、最大の功労者は軍の大将か軍師となる。それでは総合評価の点で、一番の戦上手は誰だったのか。有力な候補として諸葛亮や周瑜を挙げたい人は多いだろうが、『正史』上の諸葛亮はどう贔屓目に見ても戦上手とは言えず、周瑜にしても赤壁の戦いで最初に火攻めを提示したのは黄蓋であったから、最大の功労者であるには違いなくとも、少し減点をしなければならない。

その点、個としての武勇は皆無に近いながら、軍を指揮すればおよそ負け知らずの人物がいる。曹操・曹丕（文帝）・曹叡（明帝）の三代に仕えた司馬懿がそれである。

司馬懿が戦場で本領を発揮し始めたのは明帝の世になってからで、初めて本領を発揮したのは明帝が即位してまもない227年12月のこと。新城郡太守の孟達が蜀漢への寝返りを決めたと知った司馬懿の決断と行動は迅速を極めた。

通常であれば、明帝に上奏して判断を仰ぎ、命令を受けたうえで討伐に向かうところが、それでは出兵までに最短で1か月もかかり、孟達に守りを固めるに十分な時間を与えてしまう。そこで司馬懿は駐屯していた宛県（現在の河南省南陽市）から孟達のいる上庸（現在の湖北省十堰市竹山県）へ直行。年をまたいで攻撃開始から16日目には陥落させることに成功した。もし本来の手続きを踏んでいたなら、諸葛亮と孫権が同時に北伐を開始していた可能性もあり、三方で敵を迎え撃つとなれば曹魏の不利は免れず、司馬懿の越権行為がなければ、曹魏は明帝の代で滅んでいたかもしれなかった。

計算通りに事を運ぶ一番の仕事人

司馬懿の次なる軍功は遼東の公孫淵討伐について先に触れる。それまで半独立状態にあり、海路を通じて孫権と結んだ時期もある公孫淵だが、遼東が僻遠の地であることから、文帝も明帝も大目に見ていた。ところが、237年に燕王を自称し、紹漢（漢を紹ぐ）という独自の年号を定め、自立姿勢を明確に示すに及んではこれ以上見過ごすわけにはいかず、司馬懿に討伐の命を下したのだった。

遠征の成功を危ぶむ声が多いなか、司馬懿は凱旋までどれくらいかかるかという明帝の下問に対し、往路に100日、戦闘に100日、復路に100日、休息に60日、合わせて一年で十分と具体的な日数を示し、明帝の胸に宿る不安を払拭させた。

果たして、司馬懿は公孫淵の籠もる襄平城（現在の遼寧省両遼陽市）を陥落させ、期日通りに凱旋を果たしたのだから、その卓越した見通しと采配の妙はもはや天才の領域。戦上手であることは誰もが認めざるをえなかった。

諸葛亮の北伐に対しては、補給という致命的な弱点があることを念頭に置いて、できるだけ戦いを避ける持久戦を貫いた。兵糧が尽きて撤退をするところを背後から襲えば勝利は間違いなし。血気に逸る諸将を抑えきれず、やむなく出撃したこともあるが、手痛い損害を被るに及び、諸将も司馬懿の戦術を受け入れた。

司馬懿の老獪さは曹爽から実権を奪う政変でも示されたが、ここでは触れない。ともあれ、三国時代を通じて司馬懿が一番の戦上手であることは動かしがたい事実だった。

劉備の立役者の陶謙の裏の顔

温厚篤実とは正反対の性格だった徐州の陶謙

徐州とは現在の山東省南部から江蘇省北部にあたり、長官である牧の居城は現在の江蘇省徐州市に構えられた。後漢末の動乱が始まってもしばらくは戦火を免れていたため、近隣から逃れて来る人びとが多く、人口が急増していた。

そこの牧を務めていたのが黄巾の乱平定で功績をあげ、反董卓連合軍にも参加した陶謙だった。

この陶謙だが、実は捉えどころのない奇妙な人物で、『演義』には「温厚篤実な人柄」とあり、劉備を見込んでその職を譲渡しようとまでする。だが、『正史』で陳寿が描いた陶謙像はそれとはおよそ正反対と言ってよい。

「道義に背き、感情に任せて行動」

「忠義で正直な人柄の名士を疎んじ、邪悪な小人物を信頼し任用」

「刑罰と法律は均衡を失って、善良な人びとの多くはひどい目にあわされ、次第に混乱が深まっていった」

などと否定的な言葉を並べたあげく、末尾の評では「惑乱」という言葉を用いている。罵詈雑言に近い言い方である。

矛盾する二人の歴史家の記述

一方で裴松之の注ではどうかといえば、

「剛直な人柄で、節義のある人物であった」

「役人として清廉潔白だったが、犯罪を追及することをしなかった」

などと、こちらの記述は『演義』の陶謙像に近く、『演義』は裴松之の注に重きを置いた節が見受けられる。

ひそかに長安へ使者を送って貢物を献上。ちゃっかり安東将軍と徐州牧への昇進を許されているのだから、抜け目のない人物であるのは間違いなかった。

右の二つの注はどちらも韋昭という孫呉の史官（記録係）が編纂した『呉書』（『正史』内のそれとは違う書物）から引いたものだが、裴松之の注には同じく『呉書』からの引用

として、陶謙の死に際して孫呉の張昭から贈られた哀悼の辞が載せられており、そこには
「ご本性は剛直そのもの。温厚・慈愛の態度を貫かれた」

という一文が見られる。果たして陳寿の記述と裴松之の注のどちらのほうが陶謙の実像に近いのだろうか。

ここでまず押さえておかなければならないのは陳寿と韋昭の置かれた立場である。西晋の官吏であった陳寿は後漢から曹魏、曹魏から西晋という帝位の継承を正統とする歴史観を貫かなければならず、そのためには曹操に敵対した者はみな否定的に記されねばならなかった。

曹操が徐州に侵攻して無差別な大虐殺を働いた理由として、陳寿は父曹嵩を殺された報復としているが、これとて本当に陶謙の命令によって行なわれたのか怪しく、裴松之の注には同じく『呉書』からの引用として、

「陶謙の管轄下で殺害されたため、陶謙に責任がかぶせられた」

と、陶謙の咎ではないとの見解が示されている。

だが、陳寿の記述に一定の偏向があるように、『呉書』にも一定の偏向があることは否めない。弔辞には故人を称揚する意図があり、虚構や誇張が多く混ざるのは珍しくないこ

とだが、張昭は徐州彭城県（現在の江蘇省徐州市）の出身だから、陶謙と個人的親交のあった可能性もある。

そうした個人的な誼に加え、孫呉は曹魏と敵対する関係にあったから、史書の編纂にあたり、同じく曹操に敵対した群雄に手心を加えた可能性が大いにありうる。ゆえに『呉書』の記述にしても全面的に信用するわけにはいかない。

『演義』にしても、宋代の朱熹によって示された蜀漢を正統とする歴史観に立って描かれている以上、同様の偏向がないはずはなく、どの書物に多少なりとも存在する偏向が陶謙の実像を知るうえで大きな障害となっている。

結論を述べれば、陶謙が領民に慕われる存在であったかその逆であったかは不明としか答えようがない。

元黄巾軍だった曹操の精鋭軍、青州兵の思惑

急速に膨れ上がった曹操軍団

曹操が董卓打倒の挙兵時に集めた5000人からなる軍勢は董卓追撃戦で大敗を喫したことにより大損害を被った。夏侯淵を揚州に遣わし、刺史の陳温と丹陽太守の周昕から合計4000人の兵を与えられるが、帰還途中で反乱を起こされ、残った兵士は500余人にすぎなかった。そこで再び募兵を行ない、1000余人を得るのだが、すでに反董卓連合軍の結束が崩れ、群雄割拠の時代が本格化した状況下では、尋常な手段で兵を増やすのは難しく、匪賊を帰順させるか降伏兵を吸収するかしか方法がなかった。そのためには少ない兵力で勝利を重ねる以外に道はなく、兵法に通じ、機略に富む曹操であれば、決して不可能なことではなかった。192年春には黒山の賊と匈奴を相手に大勝利を博しているが、このときに少なからざる降伏兵を吸収したものと考えられる。

同じ年、青州（現在の山東省東部から北部）で再起の機会をうかがっていた黄巾軍の残

党30余万人とその家族100余万人が兗州（現在の山東省西部から河南省北東部）に侵入。任城国相の鄭遂、兗州刺史の劉岱、済国相の鮑信などが相次いで戦死するなか、曹操だけは巧みな采配で勝利を重ね、同年冬にはついに降伏させることに成功した。曹操は彼ら全員を受け入れながら、精鋭だけを自軍に編入させ、青州兵という称号を与えた。

これにより曹操軍団は一気に戦力を高めるが、その後の青州兵については、194年の濮陽の戦いで呂布軍騎兵の猛攻を防ぎかね、陣形を崩されてしまったこと、および198年の張繡の反乱にあって敗走した際、曹操から寛大な扱いを受けていたのをよいことに、味方から略奪を働いた記事を除いては、『正史』には一切登場しない。ちなみに略奪を働いた青州兵は于禁によって罰せられるが、報告を受けた曹操は于禁を褒めこそすれ、青州兵をそれ以上追及することはしなかった。

なぜ青州軍の立ち去りは許されたのか？

それでは俗に言われる「曹操の死後、青州兵は勝手に太鼓を打ち鳴らして出ていった」という文言は何に依拠しているのかといえば、それは宋代の司馬光により著わされた『資治通鑑』である。裴松之の注にもない逸話をどこから見つけてきたかは不思議にも思えるが、野史（民間で編纂された史書）であれば宮廷書庫の蔵書から漏れていてもおかしくはなく、司馬光（1019～1086年）ほどの人物であれば野史の蒐集に力を入れていたとしてもおかしくはない。

同じく『資治通鑑』には、朝廷では青州兵の離脱を阻止せよとの声が多数あがったが、太尉の賈詡がそれを不可としたうえ、立ち去る青州兵に当面の食糧を贈り与えたとも記されている。

これらの記述から考えるに、青州兵は曹操の私兵になることを条件に降伏したが、それを知る者は曹操の側近でも少数しかいなかった。曹丕（文帝）も即位して初めて曹操の死とともに契約解消の事実を知らされた。だからこそ、何ら処罰を下さなかったということになろう。

だが、それですべて問題が解決するわけではない。青州兵が曹操軍団の一員になってからの戦歴や、立ち去り先も曹操に降ってからの28年間、彼らの家族がどこで何をしていたのかも史書に明確な記述が一切ないからだ。

わずかな記事から推測すると、青州兵は曹操の身辺にあって最後の防壁の役目を果たしていたと考えられよう。曹操の私兵、直属の軍団であれば他の武将にあてがわれ先鋒を務めることなどなく、前線に出向くのは曹操が出馬するときだけ。それであれば記録に出てこないのも納得がいく。

次に立ち去り先だが、これは彼らの家族が待つところである。この点については196年、曹操が他の群雄に先駆け、許（現在の河南省許昌市）周辺で屯田を開始したという記述がヒントになる。この成功により屯田の範囲は拡大していくのだが、青州兵の家族はそれらの地域に定住したのではあるまいか。

彼らも元をただせば平凡な農民であり、生活苦からやむなく流民と化し、流民や飢民に救いの手を差し伸べてくれた太平道に入信した。青州で雌伏しているあいだに屯田を試みていた可能性もあり、安心して暮らせる場所があれば帰農することに躊躇いはない。許の周辺なり戦火の及ばなくなったどこかで、農業に従事していたと見てよいだろう。

食肉解体業者から大将軍になった「ある人物」の真相

一番の成り上がり者は誰か

乱世では下剋上は当たり前。群雄のなかには、袁紹や袁術のようにスタート時点で有利にあった者もいれば、劉備のように筵織りから皇帝にまで昇り詰めた者もいる。諸々の要素を考慮して、一番の成り上がり者は誰だったのか。

劉備は帝室の後裔というのが本当であれば、それが有利に働いたことは否めず、詐称だとしても同様である。董卓は裸一貫から成り上がったイメージがあるが、彼が最初に拝命した羽林郎という軍職は涼州東部6郡の良家の子弟から選ばれることになっているので、董卓のスタートラインも決して低いものではなかった。ちなみに後漢末で言う良家とは、商人・工人・芸人などの職業を除く家をさす。呂布はそれにあてはまりそうだが、残念ながら彼については親の名や職業に関する記録が皆無なため、検討の対象から除外するほかない。『正史』には五原郡九原県（現在の内蒙古自治区包頭市）の出身とあるから、匈奴など北方民族の血が色濃い半農半牧の民であった可能性が高い。

妹の七光りで大将軍に

商人・工人・芸人などが良家の範疇外であるなら、何進こそ一番の成り上がりと言えるのではなかろうか。裴松之の注には司馬彪編纂の『続漢書』という歴史書からの引用として、何進を食肉解体業者の息子としているからだ。それが現在で言う工場レベルのものか露店や出張を主とする零細業者であったかは不明ながら、社会の下層構成員であったことに変わりはない。同じく『続漢書』によれば、何進が官途に就けたきっかけは同郷の宦官の後押しで、異母妹を宮中に入れることに成功。彼女が霊帝から寵愛され、皇后に次ぐ貴人の称号を与えられたことに起因する。

ひとたび官職につけば後はとんとん拍子で、黄巾の乱が起きた184年には大将軍を拝命。大将軍は非常設ながら軍職の最高位で、中央官制の最高官である三公、すなわち太尉・司徒・司空に匹敵する存在であった。妹のおかげで位人臣を極めたのである。

食肉解体業者の娘が後宮に迎えられたことに違和感を覚える読者もいようが、この点は前近代の中国ならではの慣習を理解すれば納得できよう。後宮に入れるのは徳の高い女性という定めであったが、実際には容姿が決め手で、どんな家の出身であろうと良家の養女ということにして、基本的な礼儀作法を教え込みさえすれば問題なかった。何進の場合、同郷の宦官があれこれ世話をしてくれたのだから、悪いようにされるはずもなかった。

霊帝の寵愛を受けるにはまず床をともにする必要があるが、そこに至るまでがまた大変である。何百人もいるなかから選ばれるのは一晩に一人だけ。数ある名札の中から選ばれるためは偶然に任せてはダメで、宦官の協力を必要とした。お気に入りの宦官から勧められれば霊帝がそれを選ぶ確率は高まるわけで、何進の妹は同郷の宦官の手助けで霊帝と同衾する機会を得たと考えられる。そこから先は当人の弛みない努力の賜物だが、運よく男子をもうけたことで、その地位はさらに強固となった。

霊帝が崩御すると、何進の妹は太后、彼女の産んだ男子の弁（少帝）は帝位につき、何進も皇帝の外戚として国舅と呼ばれる存在となるが、何進にとって人生の絶頂期は長くは続かず、その末路については別項で言及した通りである。

妹の七光りで出世を重ねただけに政治的な感覚が哀しいまでに乏しく、強引なやり方といざというときの優柔不断、警戒心の薄さなど、マイナス要因がいくつも重なったことから十常侍ら宦官に先手を打たれ、身の破滅を招くことになった。

曹操の逆鱗に触れた「ある教養人」の顛末

天才の悪い癖が仇となる

識字率の低い古代中国では読み書きができるだけで教養人とみなされ、あらゆる古典に通じ、人徳も優れていれば地域社会はもちろん、全国的にも影響力が大で、自己の陣営に抱えるだけで名誉なことというので群雄たちから引く手あまただった。そのなかにあって、もっとも敬意を払われたのは誰だったのか。まだ科挙制度のない後漢の時代、文人は地方での名声が高ければ中央に推薦され、官途に就く機会に恵まれた。その名声は教養と人望に裏打ちされたものだが、現実にはコネがものを言うことも多かった。

教養人の中にはそんな官界を嫌い、一度として官途に就くことなく、隠者として生涯を終える者も少なくなかったが、ここではそのような人びとを除いて話を勧めよう。

真っ先に浮かぶ人物は孔子の後裔にあたる孔融で、彼は「建安七子」という、建安年間（196～220年）に曹魏政権下で活躍した七人の文人のなかでも筆頭に挙げられる人物でもある。北海国（現在の山東省中北部）の相を務めるなどそれなりの地位に登っているが、それは多分に孔子の後裔であることと教育環境に恵まれていた所以で、実質と見誤ってはならない。

また「建安七子」は文学に革新をもたらした文人であって、孔融の場合、これに儒学の教養も加わるのだが、彼には才気に走って他人を見下す悪い癖があり、曹操のもとで財務を司っていたとき、曹操の逆鱗に触れ処刑されてしまった。歯に衣着せぬ発言を悪いとは言わないが、加減を誤るようでは、一番の教養人とするのに不適切であろう。

教養人、必ずしもよき教育者にあらず

そうなると董卓に重用された蔡邕や「鶏肋」の故事で知られる楊修も選から外したほうがよいだろう。蔡邕については別の項で触れるが、「鶏肋」とは文字通りニワトリのあばら骨のこと。漢中を劉備から奪還しようとしながら、思うようにいかないことに苛立った曹操の発した布告で、ニワトリのあばら骨は捨てるには惜しいが、食べても腹の足しにならないのと同じく、漢中奪還をあきらめ帰還する意思を表わしたのである。側に仕える誰もがその意味を解しかねるなか、ただ楊修だけが意味を悟り、帰り支度を始めたという話

である。このように博識かつ頭脳明晰であった楊修だが、曹操の後継者争いに巻き込まれ、命を落とした。曹植と親しく交際していたことが仇となったのである。政治的感覚の欠如はよいとして、人徳があれば避けられた死だけに、大幅な減点材料としなければならない。

それでは一番の教養人は誰かといえば、隠者を含めるなら鄭玄を挙げたいところだが、彼は党錮の禁に連座して官界を追われてから、禁が解かれ招聘されても応じず、後半生を隠者として過ごした。ゆえに群雄ばかりか黄巾軍からも敬意を払われた儒学者にして人格者ではありながら、候補から外さなければならない。

官途に就きながら生涯を全うした一番の教養人。それにもっとも合致する人物として、劉備・劉禅の2代に仕えた尹黙の名を挙げたい。

尹黙は劉備に諸葛亮と龐統を推薦したことで知られる司馬徽や古典・注釈の大家である宋忠に付いて学び、儒学のすべての経典と史書に通暁。さらに『春秋左氏伝（左伝）』とそのあらゆる注釈者を暗唱し、一度読んだ書物は二度と開く必要がないほどの驚異的な記憶力を有していた。

ただし、教育者としては不適格であったのか、彼からマンツーマンで教えを受けた劉禅は一国の君主として相応しい人物には育たなかった。

劉備は本当に漢帝室の血を引いていたのか

劉備に向けられた拭いきれない疑惑

劉備は前漢の第六代皇帝・景帝（在位前157〜前141年）の子、中山靖王劉勝の後裔と称していたが、それは本当だったのか。仮に本当だとして、単に景帝の後裔と称するのは不遜なことだったのか。

まず簡単に答えの出せる後者から説明しよう。『正史』の「劉二牧伝」には劉璋の父劉焉について、魯の漢の恭王の後裔とあり、この恭王が同じく景帝の子を指していることから、「景帝の子、誰々の後裔」とする表現は帝室の引く人間を紹介する際のお決まりであったことがうかがえる。

このことから後者のほうは問題がないと言える。となれば問題は前者のほうだが劉焉が若くして州や郡の役所に勤めたのち、王族との理由で中郎に抜擢。恩師の喪に服するためいったん官を辞して復帰を果たしてからは順当に出世を重ね、ついには益州牧にまでなったことに比べ、劉備は出鼻から躓いていた。祖父の劉雄と父の劉弘は代々州郡に仕え、劉弘は最終的に東郡范県の令になったというのだが、県令の息子が母と二人、草鞋や筵を編むことで生計を立てていたというのはどうにも不思議でならない。

県令ともなれば側室がいてもおかしくないが、劉備に異母兄弟はおろか母を同じくする兄弟姉妹がいたという話はなく、幼くして父を失ったとあるから、母が正室か側室であったかに関係なく、劉備は一人っ子であったと見てよいだろう。

それにもかかわらず貧乏生活を余儀なくされていた理由としては、劉備がまだ幼いというので、親族の誰かが後継人となりながら全財産を懐に入れてしまった可能性が考えられる。それを見かねた一族の劉元起が学資その他を全面負担し、実子の劉徳然ともども同郷の出世頭である盧植に弟子入りさせたのではなかろうか。

それで劉備が本当に中山靖王劉勝の後裔かどうかという点だが、中山靖王の封地は現在の河北省保定市一帯。同市満城区の県城の西1.5キロメートルのところから、劉勝とその夫人のものとされる陵墓が見つかっており、金の糸を綴って作られた金鏤玉衣をはじめ、豪壮な副葬品が多数出土している。

第7代皇帝・武帝（在位前141～前87年）の異母弟の陵墓として相応しいものだが、

『正史』の「先主伝」には劉勝の子の劉貞から劉備の祖父劉雄までの系譜が欠落しており、これでは本当に後裔なのか疑われるのも無理はない。

劉備の母も劉備自身も信じて疑わずか？

もっとも劉勝には50人以上の子がいたというから、その半数が男子だとして、全員に十分な財産を分配するのは不可能と言ってよい。劉貞から劉雄の代まで150年余の歳月を経ているのだから、嫡男の家系以外は最低限の資産を与えられるのみで、あとは自活を迫られたとしてもおかしくはない。

それであれば、劉備の家が貧しくても不思議ではないが、別な見方をすれば、劉勝の後裔はあまりに枝分かれがすぎて、誰も全体を把握できなくなっていた。そのため姓が同じであれば、たとえ詐称しても発覚の恐れがなかったとも言える。

それとは少し違って、1185年の壇ノ浦の戦いで滅んだ平家一門の末裔と称して辺鄙な閉鎖的地域に居住する人びとの伝承、いわゆる日本の「平家落人伝説」と同様、絶望的な境遇を慰めるため、自身の先祖を同姓の高貴な人物と偽った可能性もある。

またこんな可能性も考えられよう。劉備の先祖の誰かが家系に箔をつけるために劉勝の後裔としたところ、数代後の子孫がそれを真実と思い込んでしまい、劉備の母も劉備自身もそれを信じて疑わなかった可能性である。

以上のうちいずれかが真実にせよ、劉備が本当に漢帝室の血を引いていたかどうか、明確な答えは出せないというのが実情である。

劉備の家系については裴松之も疑問を感じていたと見え、劉備が帝位につくにあたり、「宗廟を建立し、高皇帝（劉邦）以下を廟にあわせ祀った」との記述を問題視している。宗廟は始祖とする皇帝を祀る場所で、劉備ならば景帝を祀るべきところ、その名が欠けている点、及び父・祖父・曾祖父・高祖父を祀る親廟に関する記述がない点が漢帝室の慣例に反しており、「記載が欠如し、簡略であるのはまことに残念」と感情を抑えぎみの言葉で締めくくっている。

劉氏の系図

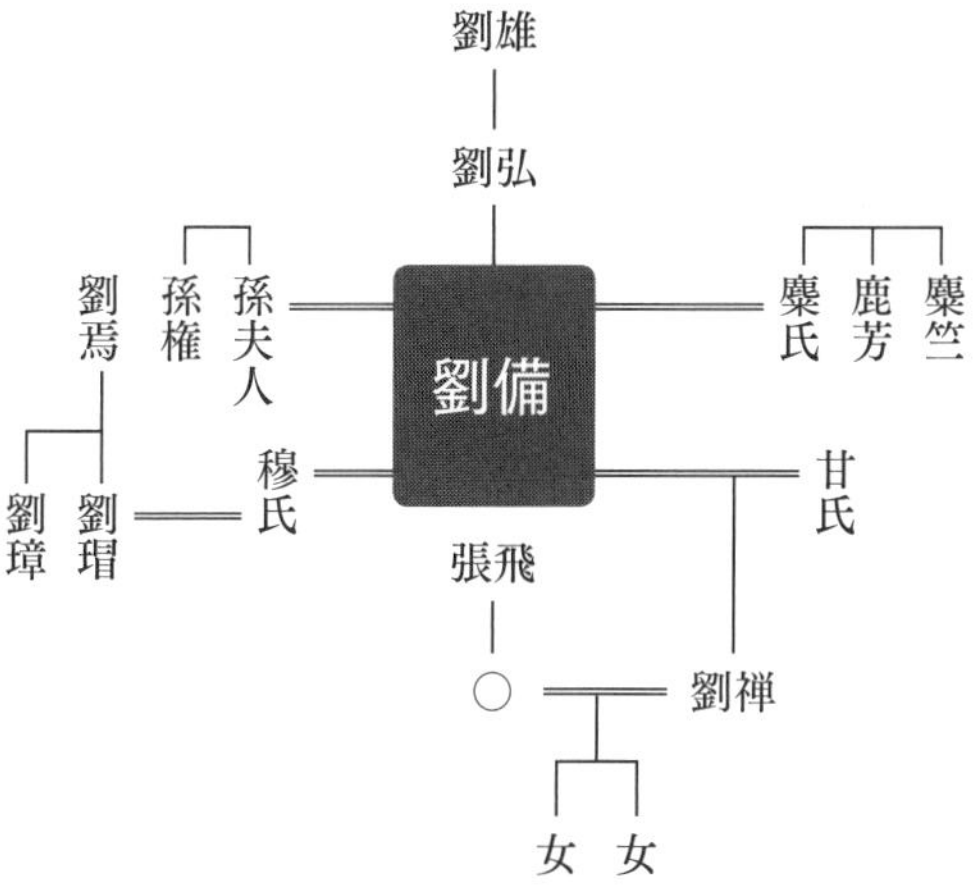

歴史書、兵法書などを次々に体得した呂蒙の驚きの事実

読み書きもできなかった「蒙ちゃん」

孫呉で1、2を争う知将の呂蒙はもとから文武両道であったわけではなく、当初は向こう見ずな勇将にすぎなかった。裴松之の注にある『江表伝』という江南人士の伝記集からの引用によれば、そんな呂蒙があるとき、孫権から学問の必要を説かれたことをきっかけに猛勉強を始めたのである。

若い時分に正式な学問を受けたことがないため、呂蒙は読み書きができず、重要な事柄を上陳するときには、いつも口にしたことを人に書き取らせていた。つまり本を読むにしても、まずは文字を覚えることからスタートしなければならなかった。

それからの呂蒙は猛勉強という言葉ではまだ足りないほど学問に身を入れ、読破した本の数は並みの儒者では太刀打ちできないほど。かねて彼を見下していた魯粛と議論を交わしても一歩も引かず、魯粛をして、「呉下の阿蒙にあらず（呉の町にいた頃の蒙ちゃんと

は見違えるほどだね)」と言わせるほどだった。これに対して呂蒙も、「士別れて三日、即ち更に刮目して相待すべし」と当意即妙に答えた。これは、「士たる者、三日会わずにおれば、その間にどんなに成長をするやも知れず、まったく新しい目でもって迎えなければならない」という意味で、呂蒙の自信のほどがうかがえる。

二人がこの会話を交わしたのは210年のことで、丹陽での反乱討伐で数々の軍功を重ねたのが204年のことだから、呂蒙は文字の読み書きができない状態からわずか6年で孫呉きっての切れ者である魯粛に負けない教養とレトリックを習得した計算になる。呂蒙は178年の生まれだから、学問を始めたのは当時の数え方で27歳のことだった。

魯粛が驚くのも無理なし

時代はかなり後世、科挙制度が完成した宋代の例になるが、家庭で読み書きの学習が始められたのは男子で5歳、現在の年齢では満3歳のこと。漢字千文字を覚えたら、『蒙求』という児童向けの歴史書に取り掛かる。

寺子屋や私塾で本格的な勉強が開始されるのは8歳からで、15歳になれば府や州、県などの公立学校の入学試験を受けることができた。そこから先は本人の努力と才能によるが、科挙の最終試験の合格者は最年少で20歳。20代のうちに合格できればまだよいほうだった。

話を呂蒙に戻せば、孫権が必ず読むよう勧めたのは、儒学の基本経典である五経のうちの『詩経』『書経』『礼記』及び『春秋』の注釈書の『左伝』、春秋時代の歴史を国別に著わした『国語』、三史と呼ばれた歴史書の『史記』『漢書』『東観漢記』、兵法書の『孫子』『六韜』で、これらを読破するだけでも大変なのに、しっかり理解・体得しろというのだから、孫権の要求はかなり無茶なものであった。

単純な比較はできないが、孫権の要求は難易度からして科挙に合格できるレベルまで習得しろというのに近く、常識的に考えれば不可能に近かった。けれども、呂蒙はそれをわずか6年でやり遂げてしまった。

ちなみに当時における一人での読書は復習と熟考に限られた。師について解説をしてもらいながら読み進めるのが普通で、真に理解を深めるには熟読して自分の頭で考える必要があり、それを経て初めて習得と呼べた。読むと習得するでは天地ほどの違いがあり、戦場に身を置く者にとってそれは勝敗や生死に直結する極めて重要なことであった。その場その状況に適した応用ができないようでは、学を終えたと言うに値しない。その点は何度でも受験可能な科挙との大きな違いでもあった。

諸葛亮と呉の大将軍、諸葛瑾の関係とは

諸葛亮兄弟は、なぜ離れて暮らしていたか

諸葛亮は三人兄弟の真ん中。兄を諸葛瑾、弟は諸葛均という。諸葛亮の生まれたのが181年、諸葛瑾が174年だから、二人の年齢差は7歳となる。成長後、孫権に仕えた兄に対し、弟の諸葛亮は劉備に仕えた。それ以前から二人はまったく離れた土地で暮らしていたが、なぜ兄弟別々に暮らす必要があったのか。

彼らの父諸葛珪は泰山郡（現在の山東省泰安市）の丞を務めた人で、諸葛亮が幼い時に亡くなったとある。幼いといっても圭の没年は192年頃と推測されるから、諸葛亮が12歳頃のことであった。

となれば、兄の諸葛瑾は19歳前後。当時の感覚からして家長になってもおかしくない年齢で、親族の後見を受けながらしばらくはその務めを果たしたと思われるが、『正史』には故郷である琅邪郡陽都県（現在の山東省臨沂市沂南県）から戦乱を避けて江東に移住と

の記事が見える。孫策が死んで孫権が立ったばかりの時期とあるから200年か201年のことだろう。裴松之の注には『呉書』（『正史』中のそれとは別の書）からの引用として、諸葛瑾は生母がなくなってから継母にも慎み深く仕えたとの記事が取り上げられているから、諸葛瑾は江東への移住にあたり、継母を伴ったと考えられる。

諸葛瑾と諸葛亮の年齢差からすると、二人は異母兄弟で、諸葛亮と諸葛均は継母が産んだ子と見なされよう。継母の年齢は記録にないが、二人の男子をもうけていることから、諸葛瑾の姉と間違えられてもおかしくない年齢であった可能性もある。

一方で、諸葛亮と諸葛均は従父である諸葛玄の庇護下にあった。その諸葛玄が袁術の任命によって豫章太守に任命されるとこれに同行。朝廷が豫章太守に別の人物を選出すると、諸葛玄は旧知の間柄の劉表を頼って荊州へ身を寄せ、諸葛亮と諸葛均および彼らの姉もこれに同行した。おそらく諸葛玤亡き後、その妻子の面倒をもっともよく面倒見ていてくれたのが諸葛玄であったのだろう。

家系を絶やさぬための知恵

諸葛亮らが荊州に腰を落ち着けたのは194年頃と推測されるが、諸葛玄が故郷を後にする決断をした背景としては、袁術による任命よりも、１９３年に起きた曹操による徐州大虐殺が関係しよう。父親を殺されたことで曹操の恨みの念は抑制不可能なレベルに達し、惨劇が徐州に属した琅邪郡陽都県にまで及んだか、及ぶ恐れがあったはずで、諸葛玄は避

諸葛氏の系図

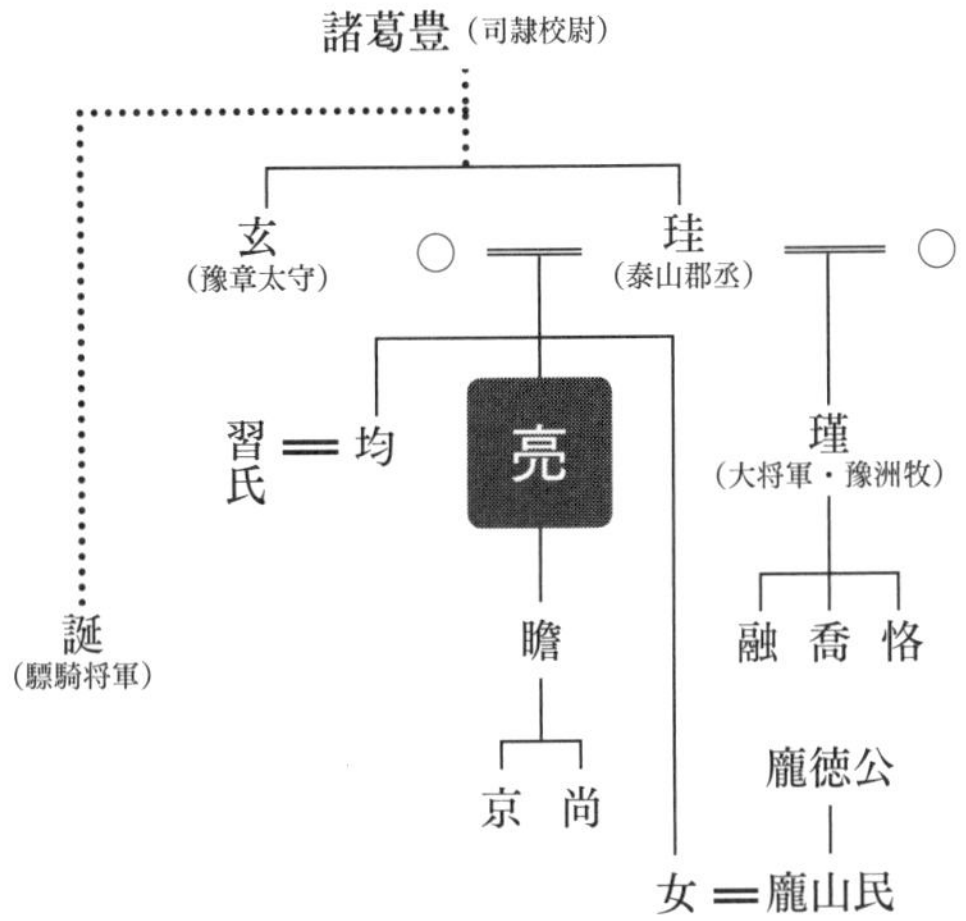

難の意味もあって袁術の任命に従ったのではあるまいか。

　このとき諸葛瑾だけは継母とともにまだ故郷に留まっているが、これは嫡男として祖先の墓を守ろうとしたからだろう。それにも関わらず、江南に移住したのは、差し迫った危機があったからではなかろうか。時期的に考えられるのは匪賊化した敗残兵の狼藉で、占領政策など持ち合わせず、略奪暴行だけが目的なだけに、頼れる群雄が近くにいなければ、安全な場所に避難す

るしか被害を免れる方法はなかった。

避難先として江南を選んだのは、当時の徐州の住民としては自然なことだった。同じように洛陽や長安周辺の住民であれば荊州へ避難するのが一般的だった。そのため劉表が治める荊州北部の襄陽には当代一流の文人が多く集まり、荊州学という儒学の新潮流まで生まれるのだった。

話を諸葛一族に戻すと、諸葛瑾にはすでに生活基盤を築いた弟たちと合流する手段もあったが、あえてそれを選択しなかった。単に徐州から江南へという潮流に身を任せたのではなく、そこにはやはり特別な意図があったと見るべきだろう。もっとも可能性が高いのが諸葛珪の家系を絶やさないための保険である。

兄弟が一カ所にかたまっていれば、そこに戦火が及ぶか、そこを支配する群雄が滅んだときに巻き添えを食らい、一族が根絶やしにされる恐れがある。それを回避するには離れた場所、異なる群雄の支配地に分かれて住むのが得策で、諸葛玄と諸葛瑾のあいだで何らかの合意ができていたことも考えられよう。

現代に子孫を残し、勇名をほしいままにする諸葛亮の素顔

純朴な隠者にはあらず

諸葛亮は利害に動かされない男。『演義』ではそのように描かれているが、『正史』を丹念に読むと、諸葛亮のそうではない一面がありありと見えてくる。

まず諸葛亮の閨閥に目を向けると、彼が娶った女性は荊州の誰もが知る黄承彦という名望家の娘。彼女の生母は劉表政権の重臣である襄陽の大豪族蔡瑁だから、諸葛亮の妻は蔡瑁の姪にあたる。しかも蔡瑁の妹は劉表の後妻に収まり、劉表にとって次男の劉琮をもうけていた。

『演義』では諸葛亮と蔡瑁が赤の他人として描かれているが、それは完全なる虚構で、二人は劉備が荊州にやってくる以前から何度も顔をあわせていたはずである。

また弟の諸葛均は同じく襄陽の大豪族で、魚の養殖を生業とする習氏の娘を娶り、唯一の姉も龐山民という同じく襄陽の大豪族の一員に嫁ぐなど、諸葛亮は襄陽の三つの大豪族

と姻戚関係にあった。つまり諸葛亮はその気になりさえずればいつでも劉表に仕え、要職につくことも夢ではなかった。

だが、諸葛亮はあえてそれをせず、自分が仕えるに値する人物の登場を待った。それが劉備であったわけである。

一方、襄陽城外の隆中に居を構えた諸葛亮は司馬徽に師事し、多くの学友と親交を結ぶことで、人脈を広げていった。徐庶、龐統、馬良、石韜、習禎などがそれで、習禎は諸葛亮の姉が嫁いだ習氏の一員。龐統も龐山民の従兄弟にあたり、この二人は諸葛亮と二重の意味で結びついていたことになる。

のちに徐庶と石韜は曹操に仕えるが、大した官職にはありつけなかった。それに対して蜀漢政権に仕えた者たちはことごとく枢要な地位をあてがわれ、はっきりと明暗が分かれることとなった。超巨大勢力のもとで低い地位に甘んじるか、地方勢力のもとで枢要な地位を占めるか。子孫の永続を第一とするなら前者を選択するのが賢明であろうが、自己の培った能力を最大限に活かしたうえ、後世に名を残したいならば後者に懸けるしかない。

司馬徽の隠棲地（湖北省襄陽市南漳県）

一族の中での立ち位置も関係しようが、乱世だからこそ許される選択であった。

そのなかにあって諸葛亮は名を残すにも子孫を永続させるのにも成功した稀有な例と言える。

子孫たちが住む八卦村

諸葛亮の子諸葛瞻とその長男尚は戦死するが、次男の京は蜀漢の滅亡とともに河東（現在の山西省南部）に移され、東晋時代（３１７〜４２０年）、そのまた何代目かの子孫が江南に赴任。27代目の子孫が八卦の陣の形をした村をつくり、そこに定住するようになった。

現在の浙江省蘭渓市諸葛鎮に位置するその場所は諸葛八卦村と呼ばれ、住民すべてが諸葛姓。明清代の建物がまるまる保存利用されていることから、村全体が一大テーマパークとして多くの観光客を集めている。

諸葛亮の子孫というだけあって、同村からは科挙の合格者が多数出ている。展示室には諸葛亮から数えて48代目までの系図が掲示されているが、それはあくまで直系の系図なので、次男三男を含めれば、諸葛亮の子孫はかなりの人数に及ぶはずである。

ただし、現在の中国では二字姓が珍しいので、諸葛亮の子孫でありながら、葛などの一字姓を名乗っている者も相当数いるに違いない。ある伝承によれば、諸葛氏の本来の姓は葛で、諸県から陽都県に移住した際、そこに前からいた葛姓の一族と区別するため、姓を諸葛に改めたというから、本来の葛姓に戻すことに別段問題はなかったと思われる。

諸葛亮の人物相関図

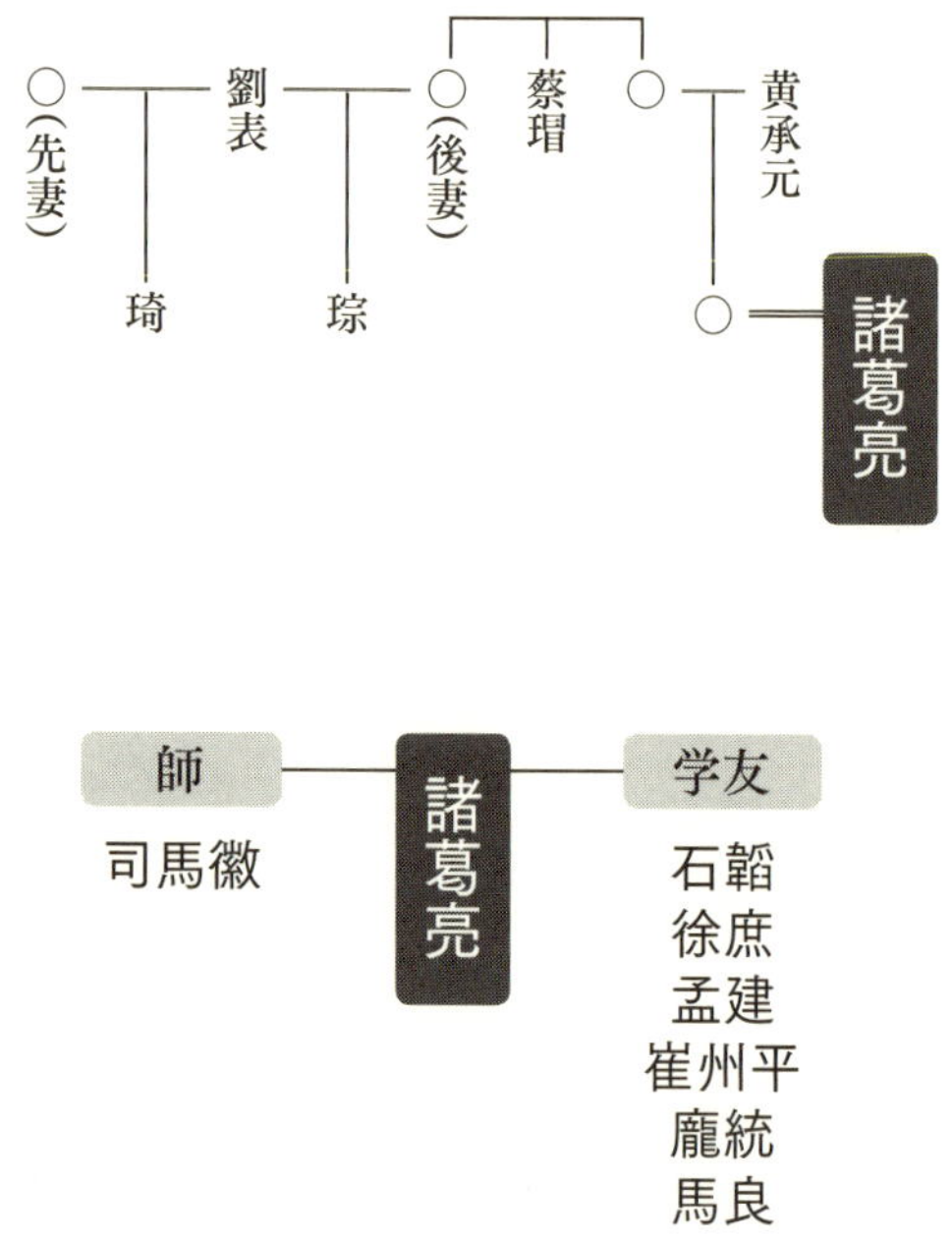

悪名高い董卓の死を唯一嘆いた人物とは

一流の教養人が犯した過ち

董卓が三国志で一番の悪役であることは衆目の一致するところである。少帝を廃して何太后ともども殺害しただけでも大逆の罪にあたるというのに、公主（皇女）や宮女に性的暴行を加え、春祭に集まった住民を虐殺。反董卓連合軍が蜂起すると、それに与した地方官を推挙した中央の高官たちをもことごとく斬殺し、洛陽を放棄する際には歴代皇帝の陵墓を暴いて宝物を奪い取るなど、董卓の暴虐行為は数え上げれば切りがない。

恐怖と憎悪の的であっただけに、董卓が殺害されたとき、長安にいる大半の人間が喝采し、なかには市場に晒された遺体のへその中に燈心を立て、肥満体から溢れ出た脂のせいでいつまでも灯が消えない様子を楽しむ者さえいたという。

裴松之の注にある孫呉の武陵太守・謝承撰の『後漢書』によれば、董卓の旧将もみな長安から逃げ去り、誰も董卓を弔う者などいないと思われる状況下、一人だけ声を上げて嘆き悲しむ高官がいた。朝廷内でも屈指の教養人と自他ともに認められていた左中郎将（宮中諸門の宿衛長）の蔡邕がそれである。

董卓暗殺の首謀者である司徒の王允から逆賊董卓のために慟哭したことを責められると、蔡邕は「でたらめで無知な言葉が間違って口から出て、お耳を汚してしまったのです。どうか額に入れ墨を入れる刑だけで済ませ、歴史書の執筆を続けさせて下さい」と嘆願した。多くの高官が蔡邕の才能を惜しみ、何とか王允を宥めようと諫言したが、王允は考えを改めようとはせず、ただちに蔡邕を処刑させた。

命取りとなった行為の謎

蔡邕の言動は何とも不可解であるが、実は裴松之の注にある『献帝記』という伝記の中に、蔡邕が董卓から特別扱いされていたとしか思えない記述が複数見られる。たとえば董卓が、少帝の廃位に強く反対した尚書（秘書長）の盧植を殺そうとしたとき、侍中（皇帝の侍従）の職にあった蔡邕から説得されると考えを改め、盧植を不問に付した。また董卓が太師（三公の上に位置する名誉職）になりながら、さらに尚父（特別な功臣に贈られる尊号）と称したいと願い、蔡邕に相談したとき、「関東をことごとく平定して、献帝の洛陽への帰還を待ってから議論すべき」と意見されるや、いったんは取りやめにしている。まさか董卓から粛清されるどころか、逆に敬意をもって扱われたことで、恩義を感じていたにしても、衆目のなかで董卓の死を悼むのはあまりに常軌を逸した行動である。いったい何が彼をそうさせたのか。

考えうる可能性は、董卓が史書に記されるほど悪逆非道な人間ではなかった可能性と、蔡邕が宮廷屈指の教養人として筋を通そうとした可能性である。前者については証明の仕様もないが、後者については、董卓が仮にも相国（宰相）と太師の官職にあり、尚父の尊号を賜っていたことから、何よりも形式を重んじる蔡邕が、哀悼の意を表わすことを当然視していた可能性が考えられよう。

別の言い方をするなら筋を通したわけで、場の空気を察し、慌てて弁解を並べ立てたが、さすがに動転していたため、自分がもっとも情熱を傾けていた歴史書の執筆を口実に減刑を願い出たことが王允の怒りに油を注ぐ結果となり、身の破滅を招いた。そう解釈すれば不可解な言動にもそれなりの納得がいく。

教養人の頭の中は得てして常人の理解を超えており、物事の優先順位に関して、他人には理解不能なことがよくありうる。蔡邕もその例に漏れないのではなかろうか。

反董卓連合軍の盟主、袁紹より格上の袁術は、なぜ格下扱いか

よく読めば矛盾はなし

本格的な群雄割拠の時代に突入するさなか、もっとも強大な勢力は袁紹と袁術の二人だった。両名とも「四世三公」と言って、4代続いて三公の地位に上りつめた人物を輩出した汝南郡汝陽県（現在の河南省周口市）の名家出身。それだけでも優秀な人材や中小の地方豪族を引き付けるに十分な影響力を有していた。

ところが、これだけ著名な人物でありながら、二人の続柄が明確ではない。『正史』のなかでも異同があり、どれが本当なのか判断に苦しむのだ。

『正史』の「巻第六」の中での並びは「袁紹伝」「袁術伝」の順であり、まず「袁紹伝」を見ると、陳寿は何も言及していないが、裴松之の注にある華嶠という人物撰の『漢書』（正史のそれとは別の書）には、袁紹の家系として、章帝（在位75〜88年）の御代に司徒となった袁安、その次男で司空となった袁敞、その子で太尉となった袁湯、その四男

で司空となった袁逢及び五男で司徒となった袁隗を取り上げ、袁紹は袁逢の庶子で、袁術の異母兄であったが、家を出て袁成（袁湯の早死した三男）の後を継いだとしている。

一方、「袁術伝」を見ると、彼は袁逢の子で、袁紹の従弟にあたるとあり、母が袁逢の正室であったことがうかがえる。

つまり「袁紹伝」に従えば二人の続柄は異母兄弟、「袁術伝」に従えば従兄弟となり、矛盾が生じてしまうのだ。

だが、この問題の答えは意外と簡単かもしれない。二人の実の父はともに袁逢だから、この点だけを見れば二人の関係は異母兄弟となる。一方で袁紹が袁成の養子になっている点を重視するなら、二人の関係は従兄弟となり、『正史』の中の矛盾は解消される。

袁紹が格上となった理由

それよりも問題なのは二人の上下関係で、190年正月に反董卓連合軍が結成されたとき、盟主に擁立されたのは袁紹だった。これだけを見れば、袁紹のほうが格上と諸侯には見られていたことになる。

それに対して改めて袁家の系図を見ると、袁湯の跡継ぎとなったのは長生きした四男の

「四世三公」袁氏の系図

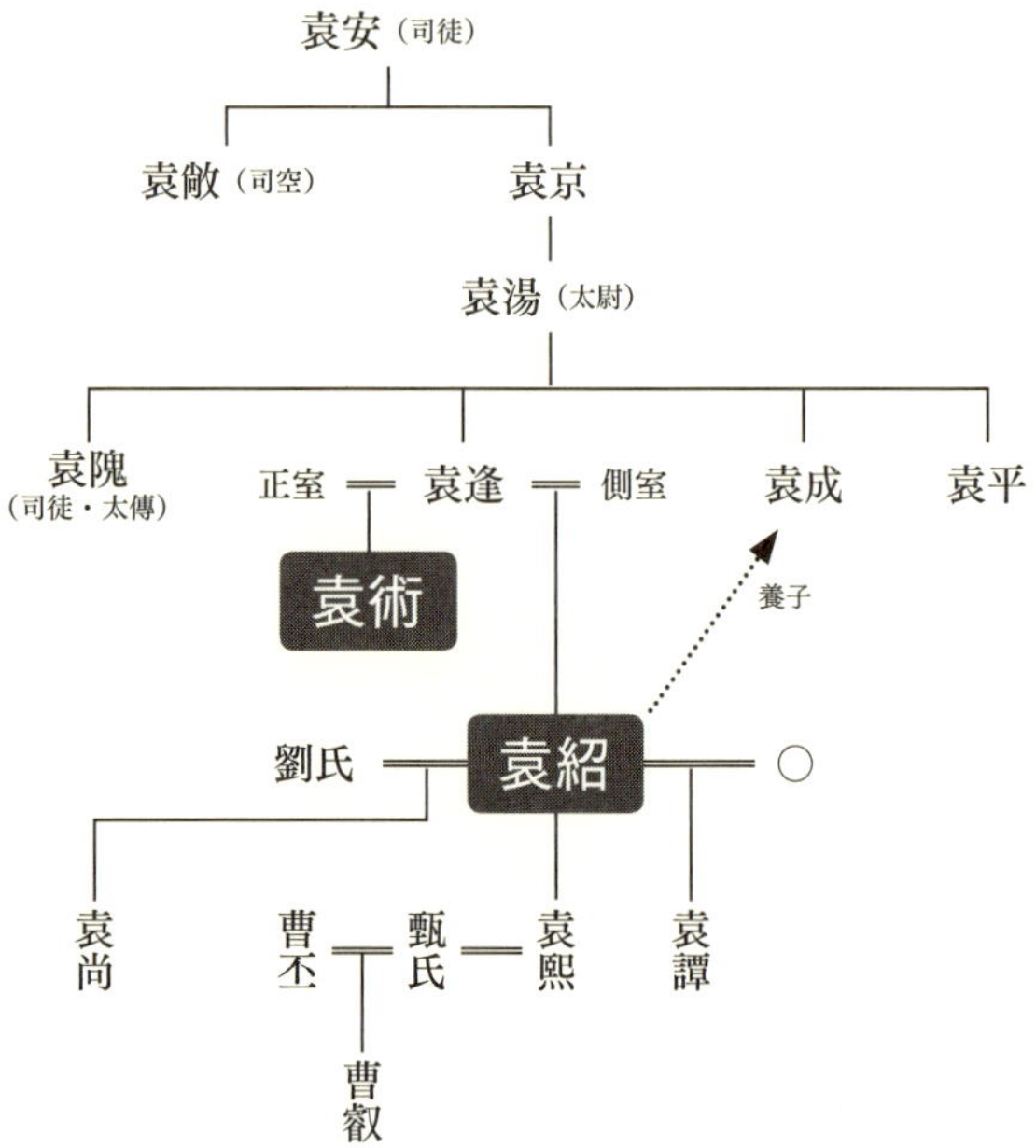

袁逢で、袁術はその袁逢と正室のあいだに生まれたのだから、少なくとも袁家の中では袁術こそが正統な後継者で、袁紹より格上ということになる。
年齢こそ袁紹のほうが上だが、袁紹の母親は袁逢の側室。正室と側室のあいだに明確な一線が引かれていた時代であれば、生まれた順番に関係なく、正室から生まれた男子こそが嫡男であり、袁術が存命である限りは、袁紹

がどんなにあがこうとも立場の逆転はありえなかった。
それにも関わらず袁紹が反董卓連合軍の盟主に推されたのは、袁紹のほうがわずかなが
ら官位が上だったからだろう。二人の年齢差は１歳か２歳のようだが、そのわずかな時間
差がものを言った。
また裴松之の注にある『献帝春秋』という書物には、董卓が少帝を廃して陳留王（のち
の献帝）を擁立する考えを示したとき、袁紹が公然と異を唱え、董卓から恫喝されても、
「天下の雄者は董公一人ではないぞ」
と言い捨て、堂々と退出した様子を伝えている。これが事実であれば、諸侯の期待が袁
紹に集まるのも無理はなかった。

68歳で戦場の最前線に立っていたある人物とは

蜀漢政権の成立を支えた武将のなかで、もっとも功績が大きいと見なされた五人が五虎大将に任じられたと、『演義』には記されている。その五人とは劉備挙兵以来の臣下である関羽・張飛に加え、趙雲・黄忠・馬超の面々をさす。このなかで黄忠は初登場の段階から老将として描かれているのだが、漢中の定軍山の戦いで夏侯淵をみずからの手で討ち取っている武功を考慮すると、本当に老将であったのか疑問が生じる。そもそも黄忠は本当に老将だったのだろうか。

黄忠の生まれた年は明確に知ることはできないが、『蜀書』の「費詩伝」の中に関羽が黄忠を老兵呼ばわりしている箇所が見受けられる。『演義』では漢中争奪戦を前に「70にもなっていない」と当人の口で語らせているが、それが事実と仮定した場合、劉備に臣従したのが208年頃で、夏侯淵をみずからの手で討ち取ったのが219年だから、劉備に臣従した時点で50代後半という計算になり、当時の平均年齢からすれば、老将と呼ばれてもおかしくはない。

驚くべきはその後も衰えを知らず第一線で活躍していることで、『正史』の「黄忠伝」にも、劉備の益州平定戦においては常に真っ先に駆けて敵陣を落とし、その勇敢さは三軍の筆頭であったと記されている。

関羽が老兵呼ばわりしていることからすれば、関羽よりかなり年長であったことになるが、肝心な関羽の生年がわからない。劉備・関羽・張飛の三人のなかで生年がわかっているのは劉備のみ。彼が161年の生まれだから、仮に劉備より10歳年長だったとすれば、劉備が漢中討伐を乗り出した217年時点で、黄忠は68歳。その年齢で後方待機ではなく前線に立っているだけでも凄いというのに、一騎打ちで曹操軍の大将である夏侯淵を討ち取っているのだから、これはもう常人の域を超えている。その翌年に亡くなっているのは、大功を挙げたことに安堵して、一気に年齢相応に老け込んだということか。

現在でも病気と無縁であった人が初めての入院でそのまま帰らぬ人となる例をよく聞くが、黄忠もその類いの人であったのかもしれない。

なぜ新参者の馬超と姜維が蜀の重要人物になったか

厚遇されすぎではないのか？

劉備が益州平定を成し遂げた214年時点において、諸葛亮が手足に当たる補佐役、法正が策謀に与る相談役、関羽・張飛・馬超が爪牙に当たる武臣という体制ができあがっていた。法正は劉備を迎え入れるのに積極的な役割を果たした人物であるからわかるとして、益州の人間でもない馬超が挙兵以来の臣下である関羽・張飛と同列扱いとはいったいどういうことか。

馬超は雍州扶風郡茂陵県（現在の陝西省興平市）の出身。父馬騰の盟友であった韓遂とともに曹操に抵抗するが、敗れて漢中の張魯のもとへ亡命。張魯がともに大事を計るに値しない人物と見定めるや劉備に降り、成都の無血開城という功績を挙げ、平西将軍に任じられた。劉備の漢中王への即位に伴い、左将軍に昇進のうえ仮節を授けられ、221年には驃騎将軍に昇進。涼州牧をも兼務し、爵位も上げられるなど、短期間でスピード昇進を果たしている。いくら勇猛で聞こえ、曹操をさんざん苦しめた実績があるとはいえ、帰順してまもない馬超に対してここまでするとは、劉備も諸葛亮も気前がよすぎるのではなかろうか。

同様のことは姜維についても当てはまる。姜維は天水郡冀県（現在の甘粛省天水市甘谷県）の出身。諸葛亮による第一次北伐時に帰順。それから6年後の諸葛亮の陣没時には軍事の後継者に指名されたのだから、これまた異例の出世と言うほかない。古参の諸将を差し置いて、なぜ姜維が後継者に指名されたのか。

二人に共通する存在意義

これらの謎は勇猛さや智略だけで説明のできるものではなく、鍵はともに彼らの地縁と人脈にある。

蜀漢政権の最大の弱点は人口の決定的な不足にあり、北伐を成功させるためにはそれに加え、補給問題の解消と呼応してくれる友軍の獲得が不可欠だった。それには土地勘があり、なおかつ氐・羌といったチベット系の西方民族にコネクションを持つ馬超と姜維は貴重でありがたい存在だったのである。

北伐を成功させるにはまず雍州とその後背地である西方の涼州をも平定する必要があった。ただ雍州を平定しただけで東進すれば、背後から襲われる危険があり、兵員と兵糧を補充する上でも涼州を放置しておく手はなかった。そのために土地勘とその土地に人脈を持つ馬超と姜維の帰順は歓迎すべき事柄で、馬超が北伐開始以前に死去したことから、その役割は従弟の馬岱に引き継がれた。

雍州と涼州の漢人と並んで期待されたのが氐・羌と呼ばれた異民族で、前者は農耕、後者は遊牧を主としていたとも言われるが、その精強さには曹魏政権も目をつけており、どちらの陣営がより多くを味方につけることができるかも、勝敗の帰趨を左右する大きなポイントであった。

現在もそうだが、中国は人脈が大きく物を言う世界。異民族を味方につけるに際して、まったく縁のない者が交渉に行っても信用を得られるはずがなく、異民族と雑居するか、異民族の居住域と接する地域で長く暮らし、信頼関係を築いている者を起点にしないことには、交渉を始めることさえできなかった。姜維と馬超・馬岱はその点をクリアしていたからこそ、古参の武将から妬まれるほどの厚遇を受けられたのだった。

三章

戦場と兵器の謎

戦車が時代遅れなわけ

中国古代の戦車は馬に引かせるもので、西周時代には4頭立てで御者1人、戦闘員2人の計3人乗りが普通であったが、秦漢時代には馬1頭で2人乗りが普通となった。この違いは戦争形態の変化によるもので、戦車が戦場の花形からもっぱら後方にあって指揮官のみを乗せるものに変わったことに起因している。

西周時代の戦車では搭乗した戦闘員は長柄の武器を手にして、敵の戦車とすれ違いざまに武器を振るい、歩兵の群れを相手にするときはひたすら薙ぎ払った。そんな戦い方のできるのは広い平野部に限られたことから、当時の戦争は見晴らしのよい平野部での決戦型に限られ、戦車を用立てることのできる王侯貴族こそが勝敗を左右するのであって、歩兵には補助的な役割しか期待されていなかった。

ところが、戦国時代に北方民族の文化である胡服騎射と騎兵戦術が取り入れられてからは戦いの様相が一変。戦場は場所を選ばなくなり、歩兵の持つ役割も上昇。平地でしか使えない戦車は指揮官のみが乗ることを許される権威の象徴と化してしまった。

戦車自体は西周以前の殷王朝下でも存在していたが、何頭立てて何人乗りが主流であったかは明らかでない。

4頭立てではなく6頭立てや2頭立てなど身分による違いがあったことも考えられ、御者が1人なのは変わらないにしても、左右に長柄の武器を振るう者のほか、弓矢や投げ槍の使い手がいた可能性もあり、当時の墳墓から戦車戦の場面を描いた絵でも見つからない限り、特定するのは難しいかもしれない。

ただし、古代中国の戦車が独自に誕生・発展したものではなく、西アジア伝来であると仮定した場合、2頭立てで乗員は御者と戦闘員の2人であった可能性が高い。古代戦車については西アジア単一起源説と複数起源説があり、国際的には前者が有力視されているが、中国だけは後者を主張して譲らず、西アジアと中国を結ぶ中間地域で出土例がないことから、いまだ論争に決着がつかない状態にある。

戦車に乗る指揮官の姿（安徽省合肥市合肥新城遺址）

話を戻すと、三国時代には仮に平野部での決戦になってもやはり戦車の出番は少なかった。途中の道路が整備されていないことには戦場へ到達できず、無理に行こうとすれば全体の進軍に遅れが生じ、敵軍に要衝を占められてしまう。命のやり取りをする場に足手まといにしかならない戦車をわざわざ配置するなど愚の極みで、古代の戦車が戦場から消え去るのはやむをえないことであった。

指揮官が乗る戦車だけ用意するにしても、勝利が確実な余裕のある戦いか、戦場が居城からさほど離れていない場合に限られた。高齢の指揮官でも軍師でも、また馬に乗って移動する。文官でも馬に乗れないことには話にならないというのが、三国時代の実情だった。

貴重だった戦場での馬事情

地形が変われば移動手段も変わる

中国北部（華北）の移動手段は馬、南部（華南）のそれは船が主役。「南船北馬」とはそれを表現した言葉である。

たしかに華北では黄河を渡る場合を除けば、移動手段としては馬が一番で、それに手の届かない人びとは自分の足に頼るほかなかった。

馬であればそのまま乗ってもよし、引かせた荷車に乗るもよし、それに幌をつければ雨風もしのぐことができた。

一方、華南でも河川や湖沼の多い荊州と揚州では船での移動がもっとも効率的で、馬に頼るとするなら、橋や浅瀬を求めてその都度迂回するか、仮設の橋を架けるか馬ごと船に載せるしかなく、非効率この上なかった。

大軍を移動させるときには騎兵は陸路、歩兵は水路と分けて進まざるをえず、多くの騎兵を乗船させるのはあまりに非現実的だった。

長江の川幅が広いところでは対岸が見えず、江東には太湖、荊州にも洞庭湖に代表される広大な湖がいくつもある。湖岸を迂回するのと船を利用した場合ではまったく勝負にならず、華北の群雄が華南を制するにはいずれかの水軍を味方につけることで必須条件であり、曹魏と晋の場合、旧荊州水軍がその役目を果たした。

おおよそ長江を境として南北間の地形に大きな違いがあり、それが「南船北馬」という文化の違いを生む要因となったわけだが、華南で馬より船が多用されたのは自然条件だけで説明のつくものではなかった。

馬の供給元は北方か西方の異民族の世界であり、地理的な理由から華北のほうが入手しやすく、華南で馬を購入しようとすればかなり割高になる。産地から離れれば離れるほど物の値段があがるのは当然の理で、この問題ばかりは金銭で解決するより他に方策はなかった。

甲冑を着て重いと思うのは馬の方だった

もちろん、万里の長城以南でも過去に入手した馬が代を重ね、国産化も可能になっていたが、戦乱の世であれば戦場で倒れる馬も多く、外部から絶えず購入し続けないことには需要に追い付かなかった。

馬にも甲冑をつければ死傷率も下がるだろうが、甲冑で身を固めた将兵を乗せるだけで大変な負荷だというのに、馬自身にまで甲冑を帯びさせてはすぐにくたびれて、かんじんなときに走れないという目も当てられない状況になりかねない。となれば、馬の装備は最低限に留めざるをえず、降り注ぐ矢の雨の中では全力で駆け抜けることで突き刺さる矢を最低限に抑えるしかなかった。

乱戦になれば、敵歩兵が馬の脚を狙ってくるのは避けられず、これまた馬上の騎兵が必死に武器を振りまわすしか被害を最小限に留める方法はなく、激しい戦闘において馬が無傷で済むのは極めて稀なことであった。

歩兵が馬上の騎兵を直接殺傷することはかなり難

馬の餌やり場面の再現（安徽省合肥市合肥新城遺址）

しく、短柄の武器ではまず無理で、長柄の武器を手にして大勢で取り囲み、隙ができたところを突き刺すしかなかった。しかし、馬を傷つけて地上に落としてしまえばしめたもの。短柄の武器で、なおかつ一対一の戦いでも勝てる可能性が生まれる。

馬の側にも生存本能があり、危険を察知すれば自然と後ろ脚で蹴る行為に出たであろうから、馬を傷つけるどころか、近くに寄るだけでも十分危険な行為であったが、戦場に安全な場所などないと覚悟を決めればどうということもない。軽装備の歩兵が手柄を挙げるには無理を承知で行動に出るしか道はなかった。味方の勝利に終われば戦利品を獲ることもできるが、負ければそれも叶わず、生きて戦場から離脱できただけで感謝しなければならないのだから。

負傷した馬はその場では死ななくとも、その傷がもとで死ぬこと、死なないまでも再び戦場に投入できる状態にない場合も多く、戦馬に選ばれた時点で、その馬の末路はほぼ決められたと言ってよかった。

槍、矛、大刀…、武器は戦場でどう使われたか

動かない長柄の武器の優位

武器の優越を判断するのは難しい。さまざまな武器があるのにはそれなりの理由があるからで、単純には決めつけられないからだ。しかし、それでは話にならないので、ここでは敵に与えるダメージという点に特化して、最強の武器を選びたいと思う。

飛び道具については次の項目で触れるとして、短柄の武器について言えば、これには刀と剣の2種類があり、前者が片刃であったのに対し後者は諸刃で、それだけを手にする者は少なく、長柄の武器を持つ者が控えの武器として腰に帯びるのが一般的だった。片刃より諸刃のほうが有効なようにも思えるが、刀が淘汰されなかった現実からすれば、甲乙つけがたかったに違いない。

次に長柄の武器では、これには槍、矛、戈、戟、大刀などさまざまな種類があり、戈とは柄の長い鎌のような武器。

戟は槍と戈をミックスさせた武器で、呂布の得物でもあった。矛は槍よりも刃先の長い武器で、大刀は薙刀の刃を大きくしたような武器だった。

戟の強みは単純に突き刺すだけでなく、頭上から振り下ろし戈の先で敵の脳天をつけば兜を突き破ることができた点で、馬で疾駆しながら敵歩兵を切り裂いていくこともできた。ただし、戈の部分の接合が弱さが弱点で、戦いが長時間に及べば、本体から外れてしまったと推測される。

最強の武器は大刀か槍か

その点を考慮すれば、槍か矛、大刀などのほうが長時間の戦いをものともしなかった。一刀両断はさすがにありえないが、一刀で首を斬り落とすことはできた。戦闘中に切れ味は鈍るけれど、殴打兵器としては十分有効で、兜の上から思い切り叩くことで頭蓋骨を折るなりひびを入れられれば上々。そこまでいかずとも脳震盪を起こさせ、騎兵を馬上から落とすなり、騎兵歩兵を問わず地面に横倒しにすれば、後の始末は味方の歩兵がしてくれるから支障なかった。

槍や矛の切れ味が鋭いうちは、甲冑をも貫き、敵に決定的ダメージを与えることが可能だった。それは大刀も同じだが、殴打という点に限れば、槍・矛よりも大刀のほうが強力だったはず。横殴りした場合の威力は歴然だったが、槍・矛よりも重いことを考慮すれば、より強い膂力が求められ、誰もが使いこなせる武器ではなかった。

『演義』の中で関羽が手にする青龍偃月刀は大刀に分類される。これを縦横に操れれば無敵と思わせる武器だが、その重さを考えれば、実戦で使いこなせた人間は極めて限られたはずである。

結局のところ、最上の兵器を特定することはできないが、もっとも多用されたのは槍であった。戦乱が長引けば武器を絶えず量産し続けなければならず、それには刃の部分が短くて済む槍を作るのがもっとも効率的だったからだ。

本来であれば、各人に合った兵器を見極め、もっとも相応しい武器を持たせたいところであったが、時間的余裕のない当時であれば、仕方のないことであった。苦手とする武器を渡され、そのせいで戦死を余儀なくされた兵士は不幸と言わざるをえない。

弓矢の殺傷可能距離は意外と短い？

飛び道具には弓矢と弩の2種類があった。ここで忘れてはいけないのが、射程距離と殺傷可能距離がイコールではないということ。いくら遠くへ飛ばせても、敵に何のダメージを与えられないのでは意味がない。鎧兜を射抜くためにはどのくらいの距離から射る必要があったのか。

弓矢は狩猟でも使われたから、人類にとってもっとも付き合いの長い兵器と言えるが、野鳥や動物を射るのと人間を射るのでは勝手が違い、戦争用の弓矢を上手に使いこなせるようになるまでには相当の修練が必要で、殺傷力は膂力によってかなりの差が出た。甲冑をも射貫くとなれば、水平に射る直射で60メートルが限度、放物線状に射る曲射では甲冑で身を固めた敵相手では殺傷力などほとんど期待できなかったが、軽装備の雑兵相手であれば最大400メートル離れていてもダメージを与えることができた。

それより離れていても、兜と鎧の隙間や顔面にあたれば殺傷力を発揮できたが、それはもう狙ってできることではなく、矢の数が限られる状況では非効率極まりないから、命令があるまでは矢をつがえたまま待機するのが賢明だった。

一方の弩は機械仕掛けなので、新米兵士でもすぐに扱うことが可能だった。一口に弩と言っても腕力で弓を装着する臂張と脚力の助けを必要とする蹶張の2種類があり、蹶張であれば200メートル先でも甲冑を射抜くことが可能で、軽装備の雑兵相手であればやはり400メートルくらい離れていても効果を発揮した。臂張の飛距離はそれよりも劣り、有効距離は3分の1程度と考えてよい。

ちなみに諸葛亮は一度に十数本の矢を発射できる連弩を発明したとされるが、それが威力を発揮できるのはせいぜい20メートルほどで、最前線に配置するには不向きだった。

何にせよ遠くから敵を攻撃できる飛び道具は有力な兵器に違いないが、一つだけ大きな弱点があった。それは強風である。逆風や横風はもちろん、追い風でも狙い通りにはいかないからだ。最適なのは無風状態だが、それはもはや人力ではどうにもならない領域。弓兵が持てる力を発揮できるかどうかは天運に任せる他なかった。

兵法は実戦で役に立ったのか？

兵法読みの兵法知らず

「机上の学問」という言葉があるが、兵法は果たしてどうなのか。『孫子』を始めとする著名な兵法書は実戦でどれだけ役に立ったのか。

失敗例の最たる人物は蜀漢の馬謖である。『正史』の「馬良伝」付属の「馬謖伝」には大敗を喫したことしか記されていないが、副将を務めた王平の伝には、「馬謖は水路を捨てて山に上って陣を構え、指示する措置は煩雑を極めた」とある。

おそらく馬謖は『孫子』の「行軍篇」にある「高みを見つけては高地を占拠し」「およそ軍隊は高地を好んで低地を嫌い」などとあることに依拠したのだろうが、同書の「九地篇」には「両側から岸壁が張り出して、急に道幅が狭まって地形では、わが方が先にその地点を占拠していれば、その隘路上に必ず兵力を密集させておいてから、敵の来攻を待ち受けよ」とあり、戦場経験豊富な王平は街亭の地形を見て、そこでは「行軍篇」ではなく

「九地篇」に従うべきと判断したのだろう。

そもそも、「高地を好んで低地を嫌い」の一節は日向と日陰での健康に及ぼす影響の違いに配慮したもので、街亭での陣構えに当てはめるのは見当違いも甚だしかった。「高みを見つけては高地を占拠し」も敵軍が渡河してくる場合を前提としており、以上の点から馬謖が『孫子』をほぼ暗記していながら、内容の理解に至っていなかったのは明らかだった。

飲料水の確保ができなくなって初めて慌てふためき、決死の突撃も跳ね返されるに及んで命令が支離滅裂になっては、王平率いる小部隊がどんなに奮戦したところで、大勢を覆すことは不可能だった。王平が『孫子』を読んでいたかどうかはわからないが、少なくともそこに書かれた真意は経験から体得していた。王平が総大将であれば避けられた敗北だけに、諸葛亮としては悔やんでも悔やみきれない敗北であった。

同じく実戦経験はなかったはずなのに、諸葛亮は『孫子』の極意をよく理解していた。だからこそ、関羽・張飛という比類なき勇将を有しながら放浪を強いられてきた劉備に明確な戦略を示し、版図の確保へと導くことができたのである。

応用を誤れば命取りに

だが、『孫子』の理解という点では曹操や孫呉の呂蒙、陸遜のほうが一枚上だったかもしれない。曹操は『孫子』の解説書を著わすほどの兵法通で、呂蒙・陸遜に至っては『孫子』の極意を体得したおかげで関羽を欺き、荊州奪取に成功しているのだから。

いわゆる「孫子の兵法」とは、春秋時代末期の呉王に仕えた孫武という軍師の著作『孫子』の中身であって、現在に伝わる『孫子』は曹操の手が加えられたものとする説さえある。トップが兵法通であれば軍師などいなくてもよさそうだが、曹操は荀彧や郭嘉をはじめ、多くの軍師を積極的に自軍に招聘した。それは自身の頭痛がひどくて頭が働かないときや軍勢を分けて、臨機応変の判断をそれぞれに委ねなければならない事態に備えるため、さらには賢者の意見に耳を傾ける姿勢を皆に見せなければならないという政治的配慮も働いていた。

「孫子の兵法」といえば、平成24年（2012）放映のNHK大河ドラマ『平清盛』が思い出される。保元の乱の場面で崇徳上皇側の藤原頼長と後白河天皇側の信西入道が『孫子』の同じ一節、「行軍篇」にある「夜呼ぶ者は恐るるなり」と「九地篇」の「利に合えば而ち動き、利に合わざれば而ち止まる」に基づきながら、頼長が夜中に声を上げるのは恐怖の表われで夜襲などという卑怯な戦法は天皇の戦いに相応しくなく、寡兵なわが軍は南都（奈良）からの援軍を待つべしとの判断を下したのに対し、信西入道は夜通し議論を続けるのは臆病者の証で、敵が動くのを待つなど愚の骨頂として夜襲を決断。かくして正反対の結論を導き出し、それが勝敗を分ける結果となったのだから、このときの藤原頼長は馬謖の二の舞を演じたことになる。兵法書を読むだけでは実戦での役には立たず、前提条件や孫武が改めて記すまでもないと判断した事柄をも含めて熟考の上にも熟考を重ね、さらには実際に戦場を体験することで初めて効果を発揮したのだった。

その意味では諸葛亮は天才肌であったが、彼も万能ではなく、中長期的な戦略を立てることには優れていても、実戦の指揮では歴戦の諸将や軍師に見劣りがすることが否めなかった。

数十万の乱戦の裏で活躍した「戦わない兵」とは

「個」の能力より大事なもの

兵農分離が行なわれていない状況下、歩兵の大半は農民からの徴発に頼っていた。素人を一から鍛えて戦士にしなければならないわけだが、その際、もっとも重視されたのは何の訓練だったのか。

槍の突き方を教えるのはもちろんのことだが、集団戦でもっとも重要なのは統制である。指揮官の号令のもと、いかにスムーズに次の行動に移れるか。突撃と退却はもちろん、左へ展開といった命令がきちんと実行されなければ、作戦も何もあったものではなく、役立たずの烏合の衆で終わってしまう。素人集団をいっぱしの軍団にするうえで最重要な訓練は集団行動の徹底化であって、これが言うは易く行なうは難しの大問題だった。

状況は春秋時代もいっしょで、呉王から宮女を使って訓練の成果を見せるよう命じられた孫武は断固たる手段を採った。呉王が寵愛する二人の美女を指揮官として訓練を始めたのだが、誰もが遊び半分で真面目にやろうとはしない。そこで孫武は三度軍令を言い渡し、それでも宮女たちの態度が改まらないと、軍令に照らして二人の美女を斬首刑に処した。これを見た宮女たちはみな震え上がり、それからは真剣に指示通りの動作をくり返し、呉王の前で見事な成果を披露した。

呉王は寵愛する美女を失ったことにひどく腹を立てながらも、孫武の実力を認め、軍師として正式採用するだけの度量を持ち合わせていた。三国時代の指揮官たちに求められたのも孫武のような何よりも統制を重んじる断固たる姿勢で、そうでなければ高度な軍事力を維持することはおろか、生き残ることもできなかった。少しでも気を抜けば滅亡が目前とあっては、基本中の基本的訓練を疎かにはできなかった。

軍隊は剣を持つ者だけでは成り立たない

統制の一部であるが、指揮系統の明確化も重要で、兵卒には直属の将校が戦死した場合、そのあと誰の指揮に従えばよいか、日ごろからわからせておく必要があった。それを徹底させておかなければ、上官を失った兵卒が敵軍に寝返るか戦場から離脱する事態になりかねず、下手をすれば全軍総崩れを引き起こしかねない。

戦死者がもっとも多く出るのは敗走時と決まっているので、被害を最小限に留めるには総崩れは避けねばならず、最後まで指揮系統を保ち、撤退を決めた時点で速やかに殿を決める。それを怠り、殿を務める軍勢のないまま総崩れになってしまえば一方的な殺戮となるのは必至だった。

そうならないためにも、将校と兵卒間の意思疎通は重要で、兵卒には訓練の視察に訪れた上級将校たちの名前と顔、序列などを頭に叩き込んでおくことも求められ、それを強いるのも下級将校たちの務めであった。

元来、兵卒には敵の大将を一対一の戦いで討ち取る役目など期待されておらず、彼らの役割は矢ぶすまを作るか楯を並べて敵の突撃を迎え撃つこと、矢の降り注ぐなか先頭を走って敵の先陣に真正面からぶつかることと、落馬した騎兵や負傷兵にとどめを刺すこと、騎兵を取り囲んで四方からいっせいに攻めかかること、喊声をあげること、悪路での作戦行動、兵糧の運搬、夜間の見張り、替えの馬を引くことなどで、なくてはならない存在でありながら、捨て駒でなければあくまで補助的な存在と認識されていた。

農民も兵になった時代の食糧問題

兵農分離がされていない時代、農繁期にも農民を動員するとなれば働き手の絶対的な不足が生じ、その年の食糧不足が不可避となる。

それを回避するには農繁期には大規模な戦いを控えるか、農繁期を休戦期間とする暗黙のルールがあったと考えたくなるが、現実には赤壁の戦いや関羽による北伐が行なわれた12月は農閑期だが、曹操による并州平定戦が行なわれたのは春の田植え・種まきの時期、官渡の戦いが行なわれたのは秋の収穫時期であるなど、できるだけ農繁期を避けながらも、季節に関係のない戦いもあった実情からは、代替労働力の存在を想定せざるをえない。

史書には明記されていないが、考えられるのは女性と老人、子供以外では傷痍軍人、難民、流民、匪賊、異民族などになろう。傷痍軍人は片手や片足を失ってはいるが、まったく働けないわけではなく、難民や流民にしても好き好んで放浪・寄宿をしているわけではなく、施しを受けるだけでは心苦しいが労働の代価として衣食住の面倒を見てもらえるなら、そのほうが肩身の狭い思いをしなくていいだけ心穏やかでいられた。

ここで匪賊を挙げるのは場違いと思われるかもしれないが、その構成はさまざまで、根っからの悪党に加え、敗残兵の集まりもあれば、重税や圧政、地主の横暴に耐えかね、あるいは兵卒として駆り出されるのが嫌で山林へ逃れた者も少なからず、やむにやまれず匪賊の群れに身を投じた者たちは農家の実情をよく理解していたから、農繁期には里へ下り、手伝いをすることもやぶさかでなく、受け入れ側でも事情をよく知っていたから拒む理由がなかった。その他の匪賊にしても、収穫が行なわれないことには奪うものがなくなるわけで、その間は近隣の村々を襲うこともなく、襲うとすれば他の匪賊の縄張りで、一番の狙い目は収穫を終えた直後だった。

以上は近代における匪賊のあり方から導き出した推測だが、三国志の時代でも基本はいっしょだったはずである。

時代とともに進化した攻城兵器の舞台裏

基本はいっしょながら急速に進化

城郭都市が当たり前の中国では古くから攻城兵器が発達していた。秦が戦国時代を終わらせたときと比べ、攻城兵器にどのような変化が見られたのか。

前221年の秦の始皇帝が天下統一を果たしてから黄巾の乱が起こるまでの間にあった大きな戦乱といえば、陳勝・呉広の乱に始まる項羽と劉邦間の楚漢戦争、前漢景帝時期の呉楚七国の乱、同じく武帝時期の対匈奴戦、王莽政権末期の動乱などが挙げられる。このうち対匈奴戦では攻城戦が皆無だったから除外するとして、それ以外の戦乱では攻城戦が幾度もあったに違いない。ただし、光武帝による天下再統一がなってからは大きな戦乱が絶えていたので、攻城兵器の進化はもちろん、技術の継承も図面のみであった可能性がある。1世紀半にも及ぶ平和は戦争技術全般の退化をもたらした可能性があるのだ。

このような背景から、群雄割拠が本格化した頃の攻城兵器は始皇帝の時代と比較して、さほど変化していなかったと考えられる。それから10年と経たずして、必要に迫られて急速に進化したであろうが。

攻城戦に欠かせない一番の兵器は城壁上に取りつくための梯子で、車輪つきのものは雲梯と呼ばれた。城門を突き破ることに特化した衝車という兵器もあるが、上から格好の標的になるため、これだけで城門を突破するのは難しく、城壁上を制圧してから城内の下に降り、内側から城門を開く作戦と同時進行させなければ成功は覚束なかった。少なくとも城壁上を制圧できれば、上からの攻撃はなくなるから、城門を突き破ることも難しくなかった。

とはいえ、守城側も必死の防戦をしてくるのだから、雲梯を架けるため城壁に近づくだけでも大変である。そのため現代の装甲車に相当する轒轀《ふんおん》車や井闌《せいらん》という城壁と同じ高さの台車つきの櫓なども使用され、井闌の上からであれば城壁上の弓兵に対して同じく弓で水平射撃を加えることもできた。

雲梯や井闌はばらばらの部品状態で運ばれ、戦場近くで組み立てられたはずだが、長い戦乱であった三国志の時代では、組み立てにも慣れ、要する時間も大幅に短縮されたものと推測される。

組み立てるといえば、城郭の周囲に水堀があれば、そこを渡る橋も急造する必要があり、こちらは構造が単純なので、井闌よりはるかに短時間で造れたはずである。

攻城側は城内を探るために高い櫓や巣車という滑車の原理を利用したゴンドラのような装置も利用したが、守城側としてみれば危険なことこの上なく、曹操は官渡の戦いに際して発石車をつくり、重くて堅い大きな石を投じることで袁紹軍の櫓をことごとく破壊させていた。

NHKの番組『歴史秘話ヒストリア』では在野の愛好家により再現された発石車が紹介され、70メートル先の厚さ2センチメートルの板に穴を開ける破壊力を見せていた。これであれば城外の櫓を破壊することができたのも納得がいく。

あまりの破壊力に、袁紹軍ではこれを霹靂車と呼んで恐れ、それからは城内まで通じるトンネルを掘る作戦に移行したが、曹操が長い塹壕を掘ることで対抗したことから、何ら成果を挙げることができなかった。

犠牲が多かった力攻め

攻城兵器に比べれば守城兵器は単純なものが多く、門が破られた時には塞門刀車を押し出すことでこれに代えた。塞門刀車とは刀状の突起をたくさんつけた板を前面に取り付けた車のことで、外側から無理に押せば最前列の兵士が刺殺されることから、寄せ手を怯ませ、時間稼ぎをするに適していた、

雲梯で城壁上に取り付こうとする兵に対しては石や丸太を落とすのが有効で、縄で結んであれば回収して何度でも使うことができた。狼牙伯という縄の先に多くの釘を打ち付けた錘や連梃というヌンチャク状の武器も有効であったが、単純に大きな石を落とすか、糞尿や油を注ぐだけでも十分な効果が期待できた。

このように城郭を陥落させるのは容易ではなく、多大な犠牲が不可避であったことから、力攻めにするより兵糧攻めや内通者の獲得に力を入れる場合のほうが多かった。腹が減っては戦ができぬは古今東西に共通する論理で、兵糧が尽きれば軍馬、それも尽きれば雑草や筵の類、それさえ尽きれば人肉に手を出すしか方策なく、死体が手に入らなければ強引につくり出すしかなかった。

「赤壁の戦いで曹操軍の兵力83万人」は本当か

曹操と雌雄を決するにあたり袁紹が率いた兵力は70万人、赤壁の戦いに臨む曹操が率いた兵力は83万人と、『演義』には記されている。

だが、当時の総人口からして、これらはありえない数字である。10分の1とまでは言わないまでも、この二つの戦いに関しては5分の1くらいを実数と見るのがよいだろう。

それでは『正史』にある数字は信じてよいかといえば、これまた微妙であり、ケース・バイ・ケースと言うのが適切であろう。敵を怯ませるために誇張した数字を掲げることはよくあるケースで、劣勢ながら勝利したことを強調するあまり、敵軍の数を多く自軍を少なく記録する例もよく見受けられるからだ。元の記録にある数字が誤っていたとしても、陳寿には一つずつ吟味することなどできず、記録上の数字をそのまま踏襲するしかなかった。

仮に実数が記されていたとして、それは従軍した人間の数であって、戦闘要員の数とイコールではない。兵糧の運搬にあたる者もいれば、騎兵の替え馬を引く者もいる。騎兵一騎ごとに最低2頭の替え馬が必要とあれば、騎兵と同じ数だけ替え馬を引く者もいたわけで、戦況が最悪の場合、それらの者も歩兵として戦闘に参加させたところで、敵の追撃速度を遅らせるための捨て石役しか務まらず、戦闘員として計算するには無理があろう。

すなわち、騎兵2000人・歩兵8000人からなる総勢1万人の軍勢とあっても、弓兵をも含めた歩兵8000人のうち2000人は替え馬を引く要員で、1000人が補給物資の運搬要員となれば、実際の戦闘要員は7000人となる。長期の遠征であれば補給要員に占める割合はもっと高かったはずで、現地調達が絶望的な地域を進軍する場合、3割以上をそれに割かねばならなかったかもしれない。

これまた記録にはないが、鍛冶職人や甲冑職人、医師、占い師などが同行させられたことも十分考えられる。近代以前の医学では内科と外科がはっきりと分かれていたから、戦いでの傷を治療する外科医と、慣れない土地での下痢や風土病などの治療にあたる内科医の両方が必要とされたはず。占い師は出陣や決戦の日取り・日時を決めるのに不可欠な存在で、軍師のなかでそれに長けた者がいればよいが、いなければ別に同行させる必要があった。司令官が本気で占いを信じていたかどうかは定かでないが、士気を鼓舞するうえで利用価値のあることは間違いなかった。

これらの人員をも計算すれば、総勢1万人の軍勢でも実際の戦闘員はさらに目減りすることになる。

いざ戦闘が始まってそれが長期化すれば、負傷者も増えるから、その看護と警備にも人員を割かねばならない。国境と最前線をつなぐ街道上に何か所もの兵站を設ける場合、それぞれに衛兵を配置しなければならず、それを怠れば本国との連絡が絶たれるだけでなく、後方からの補給が届かなくなる。

このような事情から、出陣時の総勢は戦闘員の数とイコールではなく、国境から離れれば離れるほど本来の目的地に到着する戦闘員の数は減っていく。途中で敵の遊軍と遭遇すれば、これを上手く撃退したとしても多少の損害は免れず、目指す場所に到着したときには出陣時の半数近くまで減っていたこともよくあったはずである。

四章

地理・経済・地政学で辿る謎

三国時代の引き金になった自然災害の真相

留まることを知らない飢民と流民の増加

紀元1世紀から2世紀は全地球規模で自然災害が多発した。後漢王朝統治下の中国大陸では長雨や豪雨による水害、干害、蝗害などが頻発し、特に黄河が華北平原に流れ込む冀州、現在の河北省に相当する地域の被害が深刻で、連年のような自然災害の結果、多数の飢民や流民が野に溢れる事態となった。

155年に帝都洛陽の南に位置する洛河と南陽で洪水が起きたときには、7歳以上の溺死者の遺族に2000銭ずつ付与するなど、朝廷も被災者の救済に尽力したが、それは中央に報告のあった災害に限られ、報告のない災害に対しては何ら救済の手が及ばなかった。

なぜ甚大な被害が出ながら中央に報告されない場合があるかといえば、その理由は自然災害の発生を為政者の怠慢や不徳に帰する当時の考え方にあった。地方官にとって大きなマイナス査定になるからである。この点については別に詳述する。

時代が下るに伴い、中央に報告がいった場合でも、朝廷が有効な救済措置を取れないことが増えていった。その要因は前漢の景帝時期と比較して地方豪族の力が強く、中央集権体制とはほど遠かったことに求められる。

地方豪族と地方の名望家は多分に重なる場合もあるが、彼らのなかには貯蔵庫を開くなどして被災者の救済に積極的な者もいればその逆もおり、自然災害が頻発するに伴い、貧農の弱みに付け込み二束三文で土地の兼併するばかりの者も少なくなかった。

没落する農家の多発や治安の悪化について、『後漢書』は、「安・順帝（107～144年）以降は風威がかなり衰えて寇賊が横行し、隙を狙って人を剽奪したり邑を襲って盗んだりする事件はやむことがない」と、また大将軍の梁冀に仕えた崔寔の政治論集『政論』は、「貧農の子は首を垂れて富人に奴隷のごとく仕え、みずから妻子を率いて、彼のために服役している」と伝えている。

黄河の反乱が悪循環の引き金に

流民の増加は郷里社会が維持してきた秩序の崩壊につながり、人びとの祖霊や土地神に対する信仰は薄れ、地域の枠に縛られず、個人の救済を目的とする教団に引き寄せられる傾向が強まった。かくして冀州を中心に信者を急速に増やしたのが太平道、四川盆地に広まったのが五斗米道という新興の教団で、どちらも罪の告白を儀式に取り入れた点が目新しく、伝統的な民間信仰を大きく揺るがすこととなった。

朝廷も太平道の勢力拡大を傍観していたわけでなく、教祖の張角を何度か逮捕しながらも、何ら罰することも教団を解散させることもできず、厳重注意を与えるだけで釈放するしかなかった。信者の数が増えすぎて、強硬手段に出ることが躊躇われたからである。

話を自然災害に戻すと、一番大きな被害をもたらしたのは黄河やその支流の氾濫・洪水だった。黄河は恵みの大河であると同時に暴れ河でもあり、普段は中下流域の流れは緩やかに見えるが、大雨が続くとたちまち様相が変わる。中国の神話・伝説上、治水の成功が君主に課せられた絶対使命となっているのも、その重要性の表われに他ならない。

黄河の決壊といっても日本人には実感がわかないと思われるが、先の日中戦争の最中の1938年6月、日本軍の進撃速度を落とそうと中国国民党軍が意図的に黄河の決壊を引き起こし、大惨事を招いたことがあった。これにより11の都市と4000の村が水没し、水死者の数は100万人、被災者は600万人にも及んだと言われている。その余波で発生した旱魃と蝗害により被害はさらに拡大して、餓死者だけで300万人、流民化した者と救援を必要とする被災者が併せて2000万人にも及んだ。

これは人為的な決壊の極端な例であるが、自然な状態でも黄河が危険な存在であったことに変わりはなかった。氾濫や洪水を防ぐには定期的な河底の浚渫や堤防の修築が必要だったが、160年代後半以降、朝廷はそこまで手の回らない状況に陥っていた。宦官と皇帝の外戚、宦官と清流派間の対立が高じて、多くの血が流されるばかり。自分たちの生き残り策を考えるだけで頭の中がいっぱいだったからである。

清流とは宦官を濁流呼ばわりした骨のある中央官僚たちの自称で、166年と169年の二度にわたる党錮の禁では多数の清流派人士が投獄・殺害された。この事件を境に宦官の専横や絶え間ない政争に嫌気がさした官僚たちはそれぞれの故郷に帰り、地方の名望家の子弟には最初から官途に就くのを断念する者も増加した。

才能と教養のある人材が地方に分散したことで群雄割拠の下地が整うのと反比例して、朝廷の威光と実行力が衰えるばかり。これでは深刻な自然災害が起きても十分な対応がとれるはずもなく、後漢はそのような状況下で黄巾の乱を迎えたのだった。

なぜ、街は堅牢な城壁なのが当たり前だったのか

後漢末の中国の地方行政区分は上から州・郡または国・県となっており、それぞれの長官が役所を構える町は必ず城壁で囲まれていた。同時期の日本では環濠集落がせいぜいであったが、いったいこの違いは何に起因するのだろうか。

実のところ同時期のユーラシア大陸を眺めてみると、城壁で囲まれた町のほうが多数派だった。西アジアもそうなら地中海世界もそうで、「国」の正字である「國」からして、城郭を意味する「口」と武器を意味する「戈」からなり、武装した城邑を意味している。小国分立から大国の成立となってもその伝統は受け継がれ、中央から派遣された役人の赴任先は城壁で囲まれているのが普通だった。日本では町全体を囲う城壁が築かれることは長い歴史を通じて一度もなかったが、それは日本が平和であったとか非戦闘員に危害を加えないといった暗黙のルールがあったとかではなく、おそらくは物理的な事情に拠ろう。

城壁がないという点では北アジアの遊牧民の世界もそうで、北アジアも平和であったとは言い難い。牧草を求めて移動を繰り返したのだから、弥生時代の日本と単純比較するこ

とはできないが、両者に共通する要素もある。それは石材の乏しさである。皆無ではないが、外国に比べれば圧倒的に少なく、使用する場所は必要最小限に抑える必要があった。城壁のある世界ではレンガも多く使われたが、日本でレンガが使用されるようになったのは明治時代になってから。技術的に造れなくはなかったと思われるが、防壁が環濠集落からのスタートであれば、堅い人工物で町を囲うという発想自体がなかったのだろう。

中国では近代以前まで役人が駐在する町を城壁で囲うのが普通だったが、これには権威の象徴としての意味だけではなく、やはり実用性も伴っていた。長い太平の世でも城壁が欠かせなかった背後には、平時であっても匪賊の完全撲滅が叶わず、守備を怠るわけにはいかなかった中国ならではの事情があった。

匪賊相手なら堀や柵で十分と思われるかもしれないが、平時であれば常駐する兵士はわずかで、その程度の防備では360度をカバーすることは不可能である。

少ない兵士で賊の侵入を防ぐには短時間では越えられない城壁を設ける必要があり、堀や柵では気づいたときには手遅れである。要人が殺されるか誘拐されればそれこそ一大事なので、そんな失態を避けるためにも城壁は必要不可欠だった。

正史が語る「天文」「怪異現象」の真実

続々と報告される龍や鳳凰の出現

三国志の『正史』を読んでいると、現代の日本人からすると不可思議な記述が散見される。実は本邦初の正史である『日本書紀』もそうなのだが、天文や怪異現象についての記述がやたらと目につくのである。

たとえば、「文帝紀」には220年4月12日に地方から、「白い雉が現われたと報告された」とあるかと思えば、同年8月にはまた別の地方から、「鳳凰が群れて集ったと報告された」との記述があり、「呉主伝」にも221年5月に「建業から甘露が降ったとの報告」、229年4月には「夏口と武昌からともに黄色い龍と鳳凰が出現したとの報告」があったとの記述が見られる。

そうかと思えば、「先主伝」には献帝殺害の誤報が拡散されてまもなく、「太陽と月があいつらなった」と記され、裴松之が注に引いた『晋陽秋』には、「赤くて尖った星が東北より西南に流れて、諸葛亮の陣営に落ち、三度落ちて二度は空に戻ったが、三度目は落ちたままだった。落ちたときは大きく、戻るときは小さくなっていた」との記述がある。なぜこうも天文や怪異現象に関する記述が多いのか。

その疑問の解明については、献帝殺害の誤報のところに、天文に関する記述に加え、「いたるところで多くの瑞祥が現われたと報告」があったとする記事、及び「武帝紀」の官渡の戦いに勝利した直後の部分に、「その昔、桓帝の時代に黄色い星が楚・宋の分野に現われた。遼東の殷馗は天文に詳しかったが、50年後に真人（天子となるべき人物）が梁・宋のあたりに出現するに違いなく、その鋭鋒には敵対できないと予言した。ここにおよそ50年が経過し、曹操は袁紹を打ち破って天下に敵なしとなった」とあることが大きなヒントとなる。

つまり、怪異現象はすべて新たな王朝の成立を予言する瑞祥に他ならず、天文の異常も右に同じなの

瑞祥とされた洛書と河図のモニュメント

である。220年といえば、後漢の献帝から魏の曹丕へ禅譲がなされる前夜で、221年5月は孫県が独自の年号を用い始める前夜、229年4月は孫権が帝位につく前夜で、献帝殺害の誤報も劉備が帝位につく前夜なら、星が諸葛亮の陣営に落ちたのは彼が陣没する直前のことだった。

天文の異常で高官が罷免されることも

一連の怪異現象が本当にあったことかどうかは確認のしようもないが、天文の異常についてはほぼ信じてもよさそうである。そもそも古代中国の史官という役人の役割は、その日の地上の出来事と天文の異常を記録に残すことにあった。後世のためのデータ蒐集であって、現在で言う統計学に近い。後世の学者はそれらの記録をもとにして、近い将来に起こりうる変事を予測し、君主に報告を上げる。君主はそれを天帝からの警告と受け止め、宴会の取り止めや行幸の自粛などをしたのだった。ちなみに前漢の武帝時代に『史記』を著わした司馬遷も代々、史官を務めた家系の出身だった。

このように君主の政治が自然現象と対応関係にあるとの考え方は天人相関説、君主の過誤が自然災害や怪異現象をもたらし、最悪の場合は君主政治の転覆にまで至るとの考えは休祥災異説と呼ばれた。元来、儒学にこのような教えはなかったが、前漢武帝期の董仲舒が儒学より老荘思想を重んじる漢帝室にすりよるため、易や陰陽五行説といった神秘的な思想を大幅に取り入れた結果、儒学は儒教と呼びうるものに変質したのだった。

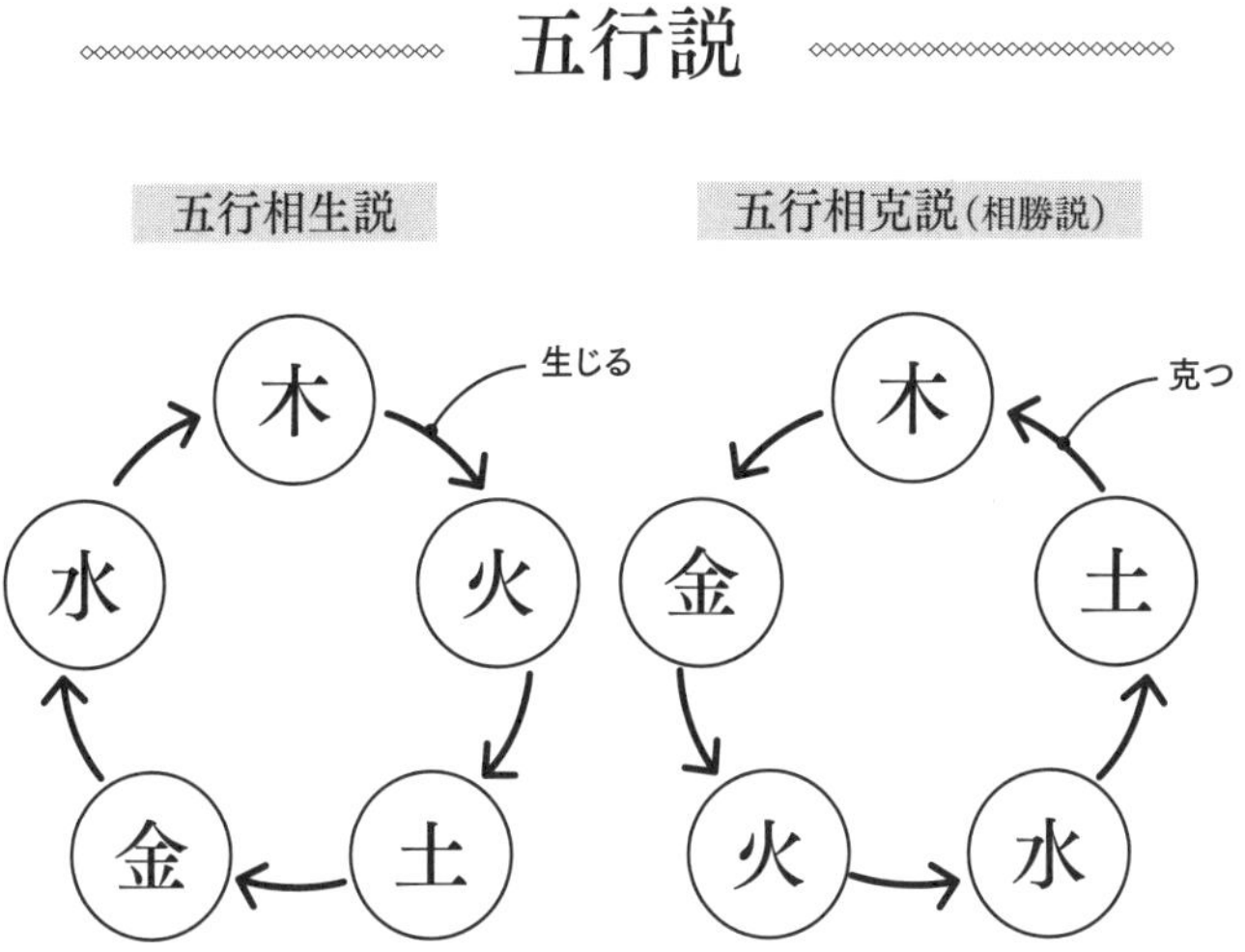

ここに挙げた易とは占いのこと。一方の陰陽五行説とはこの世の万物は陰と陽の相反する二つの調和からなると同時に、木・火・土・金・水の5元素で構成され、この5元素は色や方角、季節、徳の種類などにも対応するとの考え方で、三国志の時代には、「木は火を生み、火は土を生む」といった五行相生説が信奉されていた。漢王朝は火徳であったから、それに代わるのは土徳の家系という論理である。

陰陽五行説には「五行相生説」の他に「五

行相克説」というのもあるが、それは5元素の並び順が違うだけで、大筋に変わりはない。

陰陽五行説が日常生活に直結しないものであったのとは逆に怪異現象や天文の異常は皇帝など為政者の不徳を戒める現象と捉えられ、実際に後漢では自然災害を理由に三公が罷免されることも珍しくなかった。地方官も責任の追及を免れなかったため、処罰を逃れるために中央へ報告をあげないケースも多く、それが多数の流民発生に拍車をかけることにつながった。

先述したように瑞祥はその逆で、王朝交代の予告と捉えられた。前漢末には井戸の中から朱色の字で、「安漢公に告ぐ、皇帝と為らん」と記された白い石や「王莽、真天子と為れ」と記された文書、火徳の漢から土徳の王莽への禅譲を促すしるしが多数出現していた。

それは王莽政権末期に始まる動乱期も同じで、劉秀（後漢の光武帝）が入手した符命（予言書）には、「劉秀、兵を発して不道を捕らえ、四夷雲集して、龍は野に闘う。四、七の際、火は主と為れ」と記されていた。四と七を掛けると28となり、その年は前漢の高祖劉邦が即位してから228年目にあたった。漢は火徳の王朝であるから、劉秀はこれを漢王朝による天下回復を示すものに他ならず、自身が景帝の子、長沙定王発から6代目の子孫であることを大義名分として、後漢王朝を樹立したのだった。武力による政権奪取ではなく、あくまで天帝の意志に従ったまでとの姿勢を示したのである。

これらの瑞祥は偽りの報告や「やらせ」が大半であったが、出世の糸口になればというので積極的な関与を希望する者は多かった。ただし、時期を失すれば逆に流言を流したとして厳重に処罰される恐れもあったことから、情報網を張り巡らし、タイミングを図ることが重要だった。

ちなみに曹魏でも256年に甘露が降ったとの報告に基づき改元が行なわれたのをはじめ、青い龍や黄色い龍の出現報告が相次ぎ、それらを瑞祥として265年に司馬氏の晋への禅譲が実施されることになった。

司馬炎には禅譲をこれで終わらせたかったのか、267年には予言に関する学問を禁止する布告を出しているが、それが何度も繰り返されている現実からすれば、効果は薄かったようである。

三国時代の大乱で、人口はどれくらい減った？

華北に大きく偏っていた漢人人口

現代中国で人口が集中しているのは沿海部の大都市だが、三国志の時代には香港、上海、天津などはどれも小さな漁村にすぎず、戦略上の価値など皆無だった。

当時の漢人の居住域はまだ華北に偏っており、黄河の中流域こそが最大の人口密集地だった。蜀漢が滅亡した２６３年時点の推定人口が曹魏の４３０万人から４５０万人に対して蜀漢は約94万人、孫呉は滅亡時の２８０年で約２３０万人だった。２２０年時点の国土面積が曹魏と孫呉がほぼ同じで、蜀漢がその４分の３程度だから、総人口でも人口密度の点でも曹魏が圧倒的に優っていたことは明白である。

ただし、右の数字は戸籍に登録されている人数なので、異民族がどれだけ含まれているのか判然としない。名目上の版図にすぎない地域もあるはずだから、実際の居住人口は２割か３割くらい違っている可能性もある。

大雑把な計算で、三国志終焉時の総人口は８００万人弱となるが、この数字は前漢末の総人口に比べて大幅な減少と言える。紀元2年に実施された戸口調査の統計では、全国の戸数が１２２３万３３０６戸、人口数が５９５９万４９８人だったのだから、7分の１以下ということになる。

人口が激減した原因は紀元17年の呂母の乱に始まり、18年の緑林の乱、19年の赤眉の乱、群雄割拠、王莽の新王朝滅亡を経て、36年の光武帝による天下統一に至る大動乱にあり、人口の増加傾向が顕著になったのは1世紀半ばすぎのことで、１０５年になってようやく９２３万７１１２戸、５３２５万６２２９人と人口に限れば前漢末の9割近くにまで回復していた。

それがまた総人口８００万人にまで激減した事実からも、2世紀の自然災害による死者と三国志時代の戦乱によるそれがいかに多かったか明らかである。

災害と飢えの二重苦でもなお抵抗の強かった華南への移住

前出した崔寔の『政論』には、青州・徐州・兗州・冀州など東方の土地が狭く人口密度が高いのに対し、長安を中心とする三輔（関中）やその西方の涼州、冀州の東北に位置すている幽州付近は土地が広くて人口が少ないから、積極的に開発すべきとの提言が載せられている。

長安は前漢の都で、紀元2年時に243万6360人あった三輔の人口が140年には52万3869人にまで激減しており、このことからも、戦乱と自然災害による死者と移住者がいかに多かったかがうかがえる。

当時の常識からして、移住先としては後漢の都が置かれた洛陽周辺や東方諸州が考えられるが、黄河の中流域は開発の余地が十分ありながら、水害の危険度も高く、人口密度が高くなれば、黄河が氾濫したときの被害も必然的に大きくなる。事実、34年に黄河支流の済水が決壊したときには数十の県城が水没し、153年の黄河決壊では冀州を中心に数十万戸が被災する事態となった。

それでもなお多くの人びとが黄河の中流域に集中した最大の要因は決定的な情報不足と強い偏見にあった。北方民族に対する恐怖と蔑視は彼らと雑居ないしは接して暮らすしかない并州や冀州、幽州の住民たちに南方への移住を躊躇わせ、長江以南はおろか、黄河と長江の間を流れる淮水以南をも熱病と毒虫の蔓延する瘴癘の地として敬遠する空気が南方への移住をも躊躇わせ、選択肢を狭めていたのだ。

一般庶民は言葉としては知らずとも、中華思想ないしは華夷思想と称される世界観に強く染め上げられていた。瘴癘の地で生きていられるのは野蛮人だけ。文明人はたちまち熱病に犯され、苦しみ悶えながら死んでいくしかないのだと。

仮に江南や荊州に移住したとしても食文化に適応できるまでに時間がかかったに違いない。黄河流域の主食が小麦や雑穀であったのに対し、長江流域では米が主食だったからだ。小麦は粒食から粉食へ、粥ではなくパン状にして食べる段階に達していただけに、味覚の点はともかく、蒸した米を粒のまま食べることに大きな戸惑いを禁じえなかったに違いない。肉も華北では羊肉が一般的であったのに対して華南では豚肉が主流。水産物を多く食べる習慣に馴染むまでにも相当な歳月を要したはずである。ちなみに喫茶の風習はまだ上流階級の一部にしか見られず、庶民には無縁であった。

孫堅が勢力拡大できた理由は地理でわかる？

遅々として進まなかった江南開発

中国の明・清の時代には「蘇杭満つれば天下足る」という諺があった。「蘇」は現在の江蘇省蘇州市、「杭」は同じく浙江省杭州市をさし、略して浙江とも呼ばれる両省が豊作に恵まれれば、向こう1年は食糧に困らないということを意味していた。

豊潤な地といえば現在の四川省もそうで、「天府の国」という異名を持つほど、作物がよく育ち、山の幸や河川湖沼の幸にも恵まれていた。

けれども、孫呉の中心であった江南は成長の余地がありながら、なかなか開発が進まず、春秋戦国時代に呉と越が滅んでからはしばらく振るわず、前漢末の時点で江南7つの郡・国の人口は250万人に留まり、後漢の最盛期には620万人にまで増加したが、三国志の動乱で再び減少に転じた。現在の四川省を中心とした益州にしても事情は同じである。

参考までに2019年時点の戸籍人口を見ると、益州を構成した四川省が8400万人で雲南省が4800万人、孫呉の中心であった江蘇省が8100万人で浙江省が5700万人、曹魏の中心であった河南省が1億1500万人で陝西省が3800万人と、どこも一つの省で一つの国家になれるだけの人口を有している。

依然として河南省の優位は崩れていないが、江蘇省と浙江省をあわせれば、総人口で河南省を上まわる。江南・江東の中心である江浙2省の人口急増は大きく2段階で進行した。一度目は317年に始まる五胡十六国時代、二度目は1127年に始まる南宋の時代で、どちらも北方民族による支配を嫌い、黄河流域の住民が大挙南下したことに拠っている。特に南宋は都を江南に置いた関係上、大規模な灌漑設備の整備など開発に力が入れられ、それまで沼沢の点在するばかりであった土地が肥沃な水田地帯へと変わり、飛躍への土台が築かれることとなった。この頃には瘴癘の地という偏見や恐れは完全に消え去っていたのである。

経済力の向上は多くの新興地主層を生み出し、彼らが子弟の教育に金銭を惜しまなかったことから、これ以降、江南は科挙合格者を一番多く生み出す地となり、江南よりさらに南の江西省、福建省、広東省でも似たような現象が生じたことで、清朝末期に科挙が廃止されるまで南高北低の傾向が続くのだった。紹興酒の産地で、近代中国を代表する文豪・

魯迅の故郷でもある浙江省の紹興市は多くの優れた文人を輩出し、地方の大官を拝命した者が現地に赴任する際には紹興出身者を私設秘書として雇うことも一般化した。

一方、四川省の事情はかなり異なり、明朝末期の戦乱でまたも人口が激減。清朝初期に移住が奨励されたことから、湖北・湖南両省から大量の人口が流れ込み、乾隆帝の代には人口が過剰となり、省境や県境では治安がひどく悪化することとなった。

サツマイモやトウモロコシなど高地でも育つ新作物が普及したことで、それまで異民族の世界であった山岳地帯にまで漢人の居住域が広がり、異民族は多数派を占めるに至った漢人に同化するか、さらに周縁部へと逃れるかの二者択一を迫られることとなった。

逆に言えば、三国志の時代、蜀漢と孫呉の版図内には多くの異民族が居住していたわけで、彼らにとって三国志の動乱は他人事であると同時に、傭兵として働き、現金収入を得る大きなチャンスでもあった。

アメリカ大陸原産の新作物といえばトウガラシもそうで、これと四川省原産の山椒が合わさって、激辛で知られる四川料理の代表格と言える麻婆豆腐や担担麺が生まれるのだった。年間を通じて太陽を拝めることが少ない四川省であるが、豊富な水資源のおかげもあって、物産は豊富。それを最大限に活かし、潜在的ではなく、現実に「天府の国」としての地位を確立したのだった。

江南に来るのは荒くれ者ばかり

話を江南に戻すと、曹操による徐州での大虐殺以前、あえて江南に移住してくる漢人には恐れを知らない荒くれ者が多かった。孫堅以来の古参の将である程普・韓当・黄蓋などがその典型的な例で、2世紀の江南はさながら19世紀前半のアメリカ西部のようだった。先住民を平地から追いやりながら、漢人の世界を拡げていったのだから。

そんな荒くれ者たちを束ねるには家柄など何の役にも立たず、武力に秀で、カリスマ性も兼ね備えた者でなければ務まらなかった。そうした意味では孫堅ほど条件に適う人間は当時他におらず、ある程度勢力を拡大したなら、今度は自前の水軍を擁する必要も出てきた。天然の水系が縦横に走る江南では、移動手段としての船は欠かせない存在で、常備の水軍なくして大いなる飛躍はありえなかった。その点では孫堅よりも孫策・孫権の果たした役割のほうが大きく、三代にわたり、それぞれ別の個性を有しながら、優秀な当主が続いたことで、孫呉は三国の一角を占めることができたのだった。

孫堅の何代目の先祖が定住したのかは定かでないが、現在のところ浙江省杭州市の南西に位置する富陽市で2カ所、「孫権故里」と称する村が存在する。孫権故里というからは孫堅故里、孫策故里でもあるはずで、一つは龍門鎮、もう一つは場口鎮である。前者が清代の街並みを残す古鎮として村全体がテーマパーク化しているのに対し、後者には「呉大帝故里」と刻まれた石碑が建つのみだが、実際の孫氏一族の出身地は後者とする説が有力である。

ちなみに、現在の福建省や広東省、四川省、東南アジアなどには客家と呼ばれる集団が散在しているが、彼らは五胡十六国時代から南北朝時代にかけて黄河の中流域から南へ移住した漢人の直系子孫と称している。北方民族による支配を嫌い、何度も南下を重ねたあげく、現在のような分布になったという。つまり、彼らの話す客家語こそがかつて中原と呼ばれた地域の標準語であり、客家の顔立ちこそが漢人本来の姿であるというのだが、遺伝子調査など最新科学を駆使しての裏付けがないため、実態は未解明のまま今日に至っている。

五章

あの事件の謎

国家存亡の危機に若輩者の陸遜を総大将にした理由

実の兄弟のような関係にあった関羽の仇討《あだうち》とあって、221年7月に始まる劉備みずからが率いる東征軍の勢いは凄まじく、孫権軍は敗北を重ねた。孫権は新たに5万の大軍を迎撃に向かわせるが、その大都督（総大将）に任じられたのは当時40歳ながら、古参の武将からしてみれば経験の浅い若輩者にすぎない陸遜だった。国家存亡の危機にあたり、なぜ孫権はそのような抜擢を行なったのか。

それまでの陸遜の実績について『演義』にも『正史』にも共通して取り上げられているのは一つだけ。それは呂蒙が関羽を油断させるためにいったん建業に戻る途中のこと。大まかな計略を立てながら、具体策を考え付かずにいた呂蒙にそれを提示したのが陸遜で、呂蒙の後任として陸口に赴任し、へりくだった姿勢を見せることで関羽の油断を誘ったのもまた陸遜だった。その計略があまりにみごとだったことから、呂蒙が孫権に陸遜を重用することを進言したのだが、実のところ、孫権はそれ以前から陸遜に着目していた。

陸遜は揚州呉郡呉の出身で、家は代々、江東の豪族だった。陸一族本家の当主は陸遜の従祖（父の従兄弟）にあたる廬江太守の陸康だったが、陸康の息子がまだ幼かったことから、陸康亡き後、陸遜が一族の取りまとめにあたった。

孫権に出仕したのは21歳のときで、屯田の指揮にあたるかたわら、旱魃の被災者救済に精魂を傾け、農耕と養蚕の奨励にも努めるなど、民政において大きな得点をあげた。

ついで江東一帯の山越や匪賊の討伐及び帰順工作に傾注した功績が認められ、定威校尉に任じられたうえ、妻として孫策の娘をも与えられた。以来陸遜は孫権から政治的課題についてしばしば意見を求められ、その都度的確な進言を行なったことから昇進も早く、孫権からの信頼の度もますます深まっていった。

関羽討伐の功で宜都太守を拝命、撫辺将軍の位を授けられ、華亭侯にも封じられており、その後の蜀漢軍との戦いでも勝利を重ね、右将軍・鎮西将軍に任じられたうえ、爵位も上げられているから、決して経験が浅いわけでも、知名度が低いわけでもなかった。

それでも古参の武将たちから不平の声が上がったのは、陸康が孫策と敵対関係にあったまま世を去ったこと、及び陸遜が古参の武将たちと戦場をともにする機会が少なかったことに由来した。

周瑜や呂蒙をよく知る諸将からすれば、陸遜の実力は未知数に近く、建国以来最大の危機に直面する状況下、大都督として適任とは到底思えなかった。孫権から仮節を授けられていたからしぶしぶ従ったものの、すぐにも決戦を挑みたいと逸る彼らには陸遜の戦略がまったく理解できずにいた。

呂蒙と同じく、強く孫権から勧められたのを機に猛勉強を始めた蒋欽が存命であれば、おそらく陸遜の計略が読めたに違いない。長途遠征してきている相手、勢いに乗っている相手に速戦即決を挑むのは愚の骨頂。疲弊して油断の生じるのを待つのが兵法の常套だったからである。

諸将が陸遜の意図するところを悟ったのは、いざ作戦決行の直前だった。各人の役割分担が命じられるに及んでようやくである。

果たして、夷陵の戦いは孫呉軍の大勝利に終わり、劉備は精神的ダメージから体調を崩したことに加え、恥ずかしさのあまり成都への帰還を躊躇い、途中の白帝城に留まったまま生涯を終えることになった。

陸遜の鮮やかな勝利を見せつけられては諸将もその実力を認めざるをえず、以来孫呉の軍事行動は常に陸遜を中心に進められた。

呉の将、魯粛も構想していた「天下三分」のねらいとは

微妙に違いのあった二人の「天下三分」

「天下三分の計」といえば、「三顧の礼」をしてくれた劉備の思いに応え、諸葛亮が示した長期戦略で、それまで流浪の傭兵集団でも呼ぶべき存在にすぎなかった劉備軍団が群雄の一角を占め、地方政権を築くきっかけになった指針である。その概略を示しておこう。

諸葛亮は言う。曹操は今や１００万もの軍勢を有し、献帝をも擁しているから、対等に戦える相手ではない。一方、孫権は江東を支配してすでに三代を経ており、民をなつかせ、賢者や有能な人材を多く抱えているから、敵対するのではなく味方にすべき存在である。荊州は戦略上の要衝、益州も天然の要害に守られ、豊かな土地も広がっておりながら、君主が暗愚なためその利点を活かしきれていない。そこで劉備が荊州と益州を支配下に置き、西方と南方の異民族を味方につけ、曹操政権の中枢で大事が起きたときに乗じて二方面から北伐を行なえば、覇業の成就と漢王朝の復興は間違いなしというのが諸葛亮の提示した

戦略であった。

劉備にとってまさしく「目から鱗が落ちる」思いであったが、実のところ「天下三分の計」は諸葛亮の専売特許ではなく、ほぼ同時期に孫呉の魯粛も似たような戦略を孫権に提示していた。

魯粛は言う。荊州は覇業の資本となりうる土地。劉表の死後、息子二人は仲違いをしているが、劉備が上手く調整役を果たすようであれば、彼と同盟関係を結べばよい。そうすれば、共同して曹操に対処することが可能になると。

魯粛は単に劉備と同盟を結ぶだけでは不十分と考え、劉備に荊州を貸し与え、住民を手なずけさせるのが得策とも進言していた。すでに樊城で人心獲得の実績があることから、劉備であれば荊州全体の人心を得ることも可能で、そうすれば曹操軍になびく者も減るに違いないと読んでの計略だった。

魯粛の思惑を阻んだ関羽

だが、魯粛は劉備に甘い汁を吸わせるばかりではなく、引いてはならない場面では毅然たる態度を示した。それは劉備が益州を獲得してからのことで、当初の約定では益州を獲得したなら荊州南部を返還することになっていたが、劉備から荊州の留守を託されていた関羽は頑なに返還を拒絶。両陣営のあいだに緊張が走るが、魯粛が自制心を働かせていたことから、何とか武力衝突だけは回避されていた。同盟の破綻は曹操を喜ばせるだけで、孫権と劉備には何の得にもならないというのが魯粛の見立てであった。

孫呉が最初から荊州を併合できればよいが、人心獲得に失敗すれば曹操に付け込まれるのは必定。それを回避するには荊州獲得は劉備に任せ、人心を落ち着かせるのが上策。それが魯粛の考えで、ゆくゆくは孫呉が併合するにしても、そのための下地づくりは劉備にやらせるのが上策と判断したのだった。

けれども、関羽軍が長沙・零陵・桂陽の3郡に進駐するに及んでは魯粛もそれ以上の譲歩を重ねるわけにはいかず、毅然たる態度で関羽との直談判に及び、湘水を境として、それ以東を孫呉に割譲させることで、双方の武力衝突は何とか回避されたのだった。

だが、魯粛の構想は孫呉政権の総意とはいえず、周瑜や甘寧は自分たちで益州を奪うことを考え、呂蒙も関羽打倒を胸に秘め、自分が魯粛の後任に選ばれる日を今や遅しと待ち続けたのだった。

傲慢な役人に杖で100打ち付けたのは張飛ではない？

張飛は頼れる武将ではあるが、粗暴で短気なところが玉に瑕。『演義』によれば、張飛が最初にやらかしたのは黄巾の乱平定の功を認められ、劉備が県の尉（警察署長）を拝命。任地で職務にあたり4か月弱が過ぎた頃のこと、所轄の諸県を巡察中の督郵が劉備の赴任先にやってきた。督郵とは官吏の勤務評定を専門に行なう役人をいう。

この督郵の態度が傲岸不遜。暗に賄賂を督促し、応じようとしない劉備に罪をなすりつけ、重く罰しようとしたことから張飛が切れた。督郵の宿舎に押し入るや、髪の毛をつかんで外へ引きずり出し、馬つなぎの杭に縛り付け、柳の枝で両腿を打ち続けた。枝が折れたらまた新しい枝というふうにして、十数本折ったところで劉備が駆け付けやめさせたことになっている。

いかにも張飛らしい話であるが、実は『正史』を見ると、督郵を痛めつけたのは張飛ではなく劉備とある。しかも理由が、面会を求めたにも関わらず断られたからというから驚きである。杖で200回打ち据えたともあるから、通常であれば死んでもおかしくない回数。殺してはいないようだから、尻か太腿を打ち据えたのだろう。

また裴松之の注にある『典略』という書物からの引用には、劉備とその督郵はかねて知り合いだったので、劉備が進んで宿舎を訪ねたところ、病気を理由に面会を拒否された。督郵としては公私のけじめをつけようとしたのだろうが、劉備はその態度に怒りをたぎらせ、いったん役所に戻ると、下役人たちを引き連れて再び宿舎に向かい、今度は強引に門内に突入。太守の密命で督郵を逮捕すると偽って督郵を縛り上げると、県境にまで引っ張り出し、大樹にくくりつけた。劉備は殺すつもりでいたが、杖で100余り打ち据えたところで哀願されたため、それ以上痛めつけるのをやめにしたと記されている。

陳寿も『典略』の著者も立場上、曹魏と晋を正統とし、劉備を否定的に捉えねばならなかったことは否めないがそうかと言ってすべてが虚構とも言い切れない。

一方の『演義』は宋代の朱熹に始まる蜀漢を正統とする歴史観を受け継いでいることから、こちらこそ虚構の可能性が高く、もしそうであるなら、劉備は完璧な聖人君子などではなく、意外と短気で、一度切れたら誰にも抑えられない要注意人物であったことになる。のちに大局を顧みず、関羽の仇討という私情に駆られるまま東征軍を起こした事実からも、劉備が大変な激情家であったことがうかがえる。

益州をやすやすと劉備に明け渡した劉璋の算段とは

性格に問題のありすぎた二代目

劉備が漢中に近い葭萌（現在の四川省広元市）から成都へ向けて南進を開始したのは212年10月以降のこと。214年5月には成都を開城させた。その間に激しい抵抗にあったのは劉璋の子劉循が守る雒城（現在の四川省徳陽市）だけ。そこの攻略に約1年を要しているが、それ以外は苦戦することもなく、益州平定はやすやすと運んだと言ってもよい。なぜかくも順調に事が運んだのか。その答えは劉璋のやり方が強引で、敵を多く作りすぎたことに求められる。

劉璋の父劉焉は益州に天子の現われる運気があるとの占い師による見立てを信じ、後漢の命脈がそう長くはないとの判断も働いて、益州牧に任じられたのを幸い、着々と自立への足固めを進めた、新興宗教である五斗米道の教主張魯の母と親しく交わり、張魯に漢中の平定と長安に通じる通路を遮断させたのも、目的はすべて同じだった。

跡継ぎの劉璋は優柔不断で威厳がない半面、一度敵と認識した相手には容赦なく、張魯が漢中で自立傾向を強めたと見るやその母と弟を殺して完全な仇敵となり、それが遠因となって旧知の関係にあった巴西太守の龐羲との関係も破綻。さらに裴松之の注にある『英雄記』という伝記集には、劉璋が南陽（現在の河南省南部）と三輔（現在の陝西省西安市周辺）からの難民数万戸から精鋭を選抜して東州兵と名付け、彼らによる略奪横行を一向に取り締まらず、益州住民の恨みを買っていたことと、一度とはいえ大規模な反乱が起きたことが記されている。

劉備に目を付けた劉璋の策謀

これら諸事情に輪をかけたのは、劉焉・劉璋父子が帝室の血を引きながら反董卓連合軍に加わることもなく、ひたすら保身に走ったその姿勢にある。群雄の淘汰が進めば、傍観しているばかりでは生き残れず、益州併呑を目論む者が現われるのは時間の問題で、座してそれを待つほど愚かな選択はない。そんな危機感を抱く者たちが何ら対策を講じようとしない劉璋に愛想を尽かし、劉備に期待を寄せたからこそ、益州の政権交代は比較的容易に運ばれたのだった。

曹操軍による漢中討伐の噂が流れ、漢中を奪ったら次は益州に進軍するに違いなく、益州を守るには曹操軍に先んじて漢中を占領しなければとの進言がなされながら、劉璋がわざわざ劉備を呼び入れたのは、彼には東州兵以外に全幅の信頼のおける部隊が存在しなかったからだった。東州兵を派遣すれば成都で政変が起きたときに対処できず、地方豪族を参集させれば、それに乗じて反乱を起こされる恐れがある。そこで実戦経験豊富ながら益州とは縁もゆかりもない劉備に目をつけたのだった。所領への執着がないとの判断はとんだ計算違いであったが。

一方、益州の名望家たちからすれば、劉備もよそ者という点では劉璋と同類に違いないが、人望の点で劉璋に大きく水をあけており、劉備を君主として擁立すればよくなることはあっても、現状より悪化はしまいと考えられた。少なくとも自前の武力が充実しているから東州兵を重用することはないはず。解散・追放とまでは言わずとも、略奪暴行を徹底的に取り締まってくれるだけでもありがたく、益州住民は劉備ならそれが可能と見て、歓迎機運に傾いたのだろう。

報復は常の時代で、関羽一族を根絶やしにした者の胸中

龐徳は死に際に輝いた武将である。馬騰・馬超のもとで武勇第一と聞こえ、212年に馬超が曹操に続いて涼州刺史韋康の遺臣たち相手にも敗れて漢中に走ると、それに随行して張魯に従属。曹操が漢中を平定するに及んで降伏を選び、武勇の評判ゆえに立義将軍に任じられたうえ、関門亭侯に取り立てられた。

曹操に恩義を感じていた龐徳は219年に宛県（現在の河南省南陽市）で起きた反乱を平定したのち、その足で関羽軍に包囲されている樊城の救援に向かった。

龐徳の兄が蜀漢政権に仕えていたことから、諸将のなかには龐徳に疑念を抱く者が多かったが、そのことがいっそう龐徳の奮起を促し、関羽の額に矢傷を負わせるという大殊勲につながった。龐徳が白馬に乗っていたことから、関羽軍では彼のことを白馬将軍と称し、恐れをなした。

宛県と樊城は50キロメートルほどしか離れていなかったため、龐徳は反乱の鎮圧を命じられた時点から関羽との直接対決を予測し、「自分は国恩を受けており、道義から言って

命を捧げなくてはならない。だから自分の手で関羽を討つつもりだ。年内に関羽を殺せなければ、わしが関羽に殺されるに違いない」と何度も口にしていた。

だが、総大将の曹仁から樊城の北10里のところに駐屯するよう命じられたのが運の尽き。まさかそれが命取りになるとは、土地勘のない龐徳には予測できなかったに違いない。折あしく10余日間にもわたって降雨が続き、近くを流れる漢水が氾濫。龐徳は将兵を分散させて高台に避難させるしかなくなった。

そこへ船に分乗した関羽軍が押し寄せ、各個撃破を始めたのだから、勝敗はもはや明らかだった。龐徳は降伏しようとする将校を斬り殺すかたわら、ありったけの矢で応戦し、一本として外すことはなかったが、大勢を覆すことはできなかった。降伏する将兵が続出するなか、分捕った小舟に乗って曹仁との合流を試みるが、荒波を受けて船が覆り、船底にしがみついているところを生け捕りにされた。

早くから曹操に従い、同じく援軍を率いていた于禁があっさり降伏を受け入したのとは対照的に、龐徳は関羽の前に引き据えられても突っ立ったままで跪こうとせず、丁重な降伏勧告を受けても、「自分は国家の鬼となっても、賊の将とはならぬ」と言い放ち、ただちに処刑されてしまった。

知らせを受けた曹操はいたく悲しみ、龐徳の息子二人を列侯に取り立てたが、そのうちの一人である龐会はのちに鍾会・鄧艾の軍に従って蜀漢の滅亡に立ち会った。裴松之の注にある『蜀記』という書物によれば、龐会は成都への入城後、関羽の親族を一人残らず見つけ出し、皆殺しにした。

関羽の嫡男関平は関羽とともに処刑されており、次男の関興とその子で劉禅の娘を妻としていた関統もすでに亡く、関興の庶子関彝が爵位を継承していたから、龐会に殺されたのは関彝とその妻子及び外戚たちであろう。連座を親族全体にまで及ぼすのは乱世に限ったことではなく、就職や昇進においてコネクションが物を言う中国においては平時においても連座が珍しくはなかった。

その意味では龐会の行為は常軌を逸したとは言えないのだが、父の名声に若干の汚点を付けたことは否めなかった。勝敗は武門の常だというのに。

初代皇帝になった曹丕の父曹操は、皇帝になる気があったか

限りなく皇帝に近い存在に

曹操は66歳で亡くなったが、もし70歳まで生きていたなら、帝位についていただろうか。永遠に正解の出ない問いではあるが、曹操が献帝から受けた特典を見ていけば、ある程度の仮説は立てられるかもしれない。

曹操が丞相の職に就いたのは赤壁の戦い前夜の２０８年6月のことで、２１２年には拝謁の際に名前の称呼を必要とせず、朝廷において小走りの歩き方をせずともよく、剣を帯び履物をはいたまま殿上にのぼってよいという特権を与えられた。これは前漢の高祖（劉邦）を補佐した簫何の旧例に倣ったものである。

２１３年5月には魏公に任命され、２１４年3月には魏公の位を諸侯王の上に置く勅令が出されているが、公が王の上に置かれるなど前代未聞のことであった。前代未聞といえば同年12月、皇帝のみに許される旄頭という旗飾りをつけ、宮殿に鍾虡という鐘の吊り下

げ台を設置することを許されたのも右に同じであった。

２１５年９月には独断で諸侯・太守・国相を任命する権限を与えられ、２１６年５月には魏王に昇進。娘を公主（内親王）と呼び、湯沐の邑（化粧料としての領地）を与えることも許されている。

２１７年４月には皇帝の旌旗を掲げ、出入りには警蹕という先払いとして戒めの声を称する係を同行させることを許され、同年10月には「旒」という冠の前後に垂れ下げる玉の数を皇帝と同じ12本にすること、金銀車という６頭立ての馬に引かせた豪華なお召し車と五色に塗った副車を設けることも許されているから、名目が違うだけで、実質的には皇帝と同等以上の立場に身を置くに至っていた。

２１９年７月には空席のままだった王后の座に曹丕・曹植の生母である夫人の卞氏を取り立て、その気になればいつでも献帝に禅譲を迫れる状況にあった。

曹操の夢もあと2年だったが…

禅譲とは徳の薄い皇帝が天命であるとして、徳のある別姓の人物に帝位を譲渡することで、神話伝説の上では何度も見られるが、実際に行なわれたのは前漢から王莽への譲渡がなされた紀元9年のものが唯一の事例だった。

王莽は皇帝の外戚という立場から権力の掌握にいたったのだが、曹操も娘三人を貴人として入内させ、真ん中の娘が皇后に立てられているから、その手順は王莽とよく似ていた。王莽は大司馬（国防大臣）・安漢公から宰衡、仮皇帝（摂皇帝＝皇帝を摂ける役）という段階を経て禅譲を実施したのだが、ここにある宰衡とは殷の4代の王を補佐した伊尹に与えられた安衡と周の3代の王を補佐した周公旦に与えられた太宰を合わせて設けられた新たな称号で、王莽は宰衡から帝位につくまで6年の歳月をかけた。

何事も前例を重んじるなら、曹操は少なくとも72歳まで生きる必要があったが、曹丕は王莽の例に一切倣うことなく、数々の瑞祥と群臣の推戴だけをもって禅譲に踏み切っている。曹操と曹丕では育った環境や性格が異なるから一概には言えないが、曹操も70歳とは言わず、せめてあと2年長生きしていれば、帝位についていた可能性がなきにしもあらずである。

鍾会が謀反を企てた理由は野心か、甘言か

鍾会は文帝のもとで太尉、明帝のもとで太傅（三公の上に位置する名誉職）を務めた鍾繇の子。武人というより軍師と呼ぶほうが相応しい人物で、司馬昭の命のもと、鄧艾・諸葛緒とともに蜀漢平定に派遣され、成都攻略こそ鄧艾に出し抜かれたが、蜀漢討滅の功労者であることに変わりはない。

多大な恩賞は間違いなしと思われたが、鍾会はそれよりもみずから天下を狙う道を選び、その結果、身を滅ぼすことになった。なぜ鍾会は曹魏または司馬昭政権への謀反に走ったのか。

この点に関して『正史』の「鍾会伝」の説明は唐突である。「鍾会は心中逆心を抱き」と何の伏線もなしに説き始め、鄧艾に謀反の濡れ衣を着せて失脚へと追い込み、降伏した姜維と手を組んで、まだ姜維と対峙していたときに失脚させた諸葛緒軍と鄧艾の軍及び自軍でも親密ではない将校たちを皆殺しにして三軍の兵権を握るつもりでいたが、実行直前に計画が漏れ、姜維ともども乱兵たちに斬殺されて終わる。

一方の姜維は、蜀漢復興のためには鍾会を利用するしかないと考えたらしく、裴松之の注にある『漢晋春秋』という書物からの引用にも、「鍾会は秘かに反逆の意図を抱いていた。姜維は会見して彼の本心を見抜き」との一文が記されている。

だが、鍾会の逆心を見抜いていた者は他にもいた。西曹属（人事を司る役所の副長官）の邵悌と相国の司馬昭がそれで、邵悌は蜀漢討伐軍の司令官を決めるにあたり、鍾会には存命の親族がいないから、都に置いている人質を気にかけるとは思えず、別の人間を派遣するほうがよいのではないかと進言した。

対して司馬昭は蜀漢討伐に消極的な意見が大勢を占めるなか、鍾会だけは積極的に賛同しており、蜀漢討滅を果たしたあと、仮に謀反を起こしたとしても心配無用と応え、この問答は他言無用とも念を押した。

司馬昭にまったくうろたえる様子が見られなかったのは、鍾会の謀反など織り込み済みで、すでに対策を練り上げていたからだった。それは鄧艾を弾劾する上書に対する返事として、司馬昭が鍾会に宛てた手紙の中に示唆されていた。その文中には、鄧艾が召喚に応じないかもしれないから、中護軍（大将軍に従う経歴の浅い指揮官）の賈充に歩兵・騎兵1万人をつけて斜谷から南進させ、自分も十万人の兵を率いて長安に駐屯すると記されており、無言の圧力を加えようとしているのは明らかだった。

司馬昭が読んだ通り、鍾会の謀反はあっけなく失敗に終わるが、肝心の謀反の動機については、裴松之の注を含めたとしても、『正史』の記述から明確な答えを導き出すことができない。

曹氏一族への忠誠心がひときわ強いわけでも、司馬昭に恨みを抱くわけでもなく、過去の論功行賞に不満があったわけでもないとなれば、あとは想像を逞しくするしかない。司馬師が反乱鎮圧のため東征を行なったおり、鍾会は従軍して策謀を担当。司馬昭も衛将軍として後続部隊の指揮を執っていた。司馬師の死後も司馬昭が全軍の総帥、鍾会が軍師を務めたことがあるから、司馬昭の側では鍾会がいつまでも人の下で使われる立場に甘んじる性格ではないと睨んでいた可能性がある。

鍾会にしても乱世に身を置くからは野心が皆無であるはずはなく、諸葛緒に続いて鄧艾をも失脚に追いやったことで気持ちが高ぶったところを姜維から唆されたことが決め手となり、謀反に踏み切ったとも考えられよう。

曹操からの誘いに司馬懿は、なぜ仮病と偽り続けたか

曹操の誘いに仮病をした司馬懿

司馬懿は河内郡（現在の河南省北部）を代表する名望家の出身。8人兄弟の次男だった。字を仲達というが、「達」の字が兄弟全員の字に共通して用いられたことから、世間からは「八達」と称された。

父の司馬防は州郡の役人から中央の尚書右丞（尚書台の庶務を担当）、洛陽令（都の民政長官）などを歴任した経験を持ち、尚書右丞の職にあったとき、洛陽北部都尉（洛陽県北半の警察長官）に曹操を推薦したのが彼であった。

曹操が恩人の子息に目をかけないはずはなく、長男の司馬朗が出仕したのであれば、次は司馬懿に声がかかるのは当然だった。

ところが、司馬懿は人材の選別に定評のある荀彧からの推薦のもと招聘を受けたにも関わらず、風痺（関節リューマチ）を理由にして出仕を断った。起き上がるどころか動くこ

とさえできないと訴えたのである。

曹操は信用しようとせず、ひそかに人を遣って夜間就寝中の司馬懿の身体を針で刺させたが、事態を予測していた司馬懿は痛みをこらえ、まったく動かないよう努めた。

別の日にはこんなこともあった。書物を虫干ししていたところ急な雨に見舞われたため、司馬懿は思わず寝台から起き上がって書物を取り込んだのだが、その光景を下女の一人に見られてしまった。下女が密告に及んだら一巻の終わりであったが、妻の張春華がひそかに下女を始末してくれたおかげで、司馬懿はまだ仮病を続けることができた。

しかし、曹操の目を欺くことはできず、曹操の忍耐にも限りがあった。２０９年、曹操から、「もしまたぐずぐずするようであったら、ただちに引っ捕らえてこい」と厳命された使いの者が来るに及んで司馬懿はようやく出仕に応じた。以来司馬懿は曹操の幕僚兼曹丕の世話役として、曹魏政権のために身を粉にして働き、最終的には魏朝廷の実権を掌握することになるのだった。

「三顧の礼」を受ける立場と考えていたのか？

それにしても司馬懿はなぜ最初から素直に招聘に応じなかったのか。『三国志』と同じく正史に数えられる『晋書』の「宣帝記」では、「漢運が今まさに衰微しているのを知り、曹氏に屈するのを潔しとしなかった」からと説明されているが、これを素直に受け取るわけにはいかない。『晋書』は司馬氏が曹魏に取って代わった事実を前提に書かれたもので、多くの後付けがあると考えられるからだ。

現実に想定しうる理由はいくつかある。河内郡の名望家の一員として、出自で劣る曹操に仕えたくなかったから、曹操個人に好感を抱いていなかったから、いまだ天下の形勢がどう傾くか予断を許さなかったから、辞退することで自分の価値を高めようとしたなどの理由である。

どれも決定的な証拠に欠けるが、最後のものは諸葛亮の「三顧の礼」に近く、最低でも二回は辞退するのを礼儀とする中国の伝統と相通じるものがある。

「袁紹と10倍の兵力差を覆した曹操」と誇張したのはなぜか

誇張か、大きすぎる兵力差

２００年の官渡の戦いにおいて袁紹が動員した兵員数は70万人余、対する曹操軍は７万人の軍勢を率いて官渡を守る夏侯惇に合流したと『演義』にはある。これが事実であれば、両軍の兵力差は10倍近かったことになる。

一方、『正史』の記述はどうかと言えば、袁紹が許を攻撃するために動員したのは精鋭の歩兵10万人、騎兵１万騎とあるが、官渡の戦いの前哨戦である白馬の戦いで二度の敗北を喫していることから、官渡の戦いではこれより減っていたはずである。

対する曹操軍は白馬の戦いのあとで関羽が離脱。官渡の戦いの初戦に敗れた時点で１万人に満たなかったと記されており、やはり10倍近い差があったことになる。

だが、この数字に関しては早くも裴松之が三つの理由を挙げて疑問を呈している。

一つには曹操軍の挙兵以来の勝率が７割から８割であり、挙兵時ですでに５０００人を集め、降伏した青州の黄巾軍30万人から精鋭を選ぶなど、着々と版図も兵力も増やしていたのだから、1万人に満たないというのはあまりにおかしい。

また一つには袁紹軍が数で10倍も勝るならば完璧な包囲網が布けたはずで、曹操軍の一隊がまったく気づかれることなく出入りできたのはおかしい。

また一つには8000人の兵で逃げ散った8万人の敵兵を捕らえたうえ、穴埋めになどできるはずがないといったもので、裴松之は数字の偽りを勝利の見事さを強調するための作為と結論づけている。

どれももっともな見解であるが、弱気になった曹操に対して、許で留守を与る荀彧が送った手紙の中に、「公は至弱をもって至強にぶつかっておられるのです」とあり、袁紹軍が次々と攻城兵器を繰り出している点からしても、袁紹軍が数で勝っていたことだけは間違いあるまい。また、戦いが数か月にも及んでいることから、双方併せて数十万人の兵がい

戦死者を弔うかのように建つ官渡寺（河南省鄭州市中牟県）

たことも間違いなく、だからこそ双方にとって補給が最大の課題となった。

「劣勢からの勝利」を曹操はえたかったのか

曹操軍は袁紹軍の補給部隊を二度にわたり襲撃しているが、一度目は荀攸の進言に従い、徐晃にやらせた。荀攸がなぜ補給部隊の到着時間と順路を知りえたかは『正史』に記載がないが、偵察を出していないとすれば、内通者からの知らせによるのだろう。二度目の襲撃は袁紹から冷遇された軍師許攸の寝返りにより得られた情報に基づくが、いくら夜間とはいえ曹操みずから5000人の歩兵騎兵を率いて出撃したことを袁紹軍がまったく察知できなかったとはあまりにも不可解である。数で勝ることに驕り、見張りを怠るどころか、無断で持ち場を離れる部隊が多かったのでなければ、袁紹軍の総数が曹操軍の10倍どころか、せいぜい数倍だったとでも受け取るほかない。

数字の誇張も陳寿のせいではなく、曹操が献帝に報告する際すでになされていた可能性が高い。戦果を強調するため討ち取った敵兵の数を10倍や100倍にするのは、中国の歴史を通じてよくあることだった。討ち取った首の数を合わせるため無関係の民間人が殺されることもあり、いつの世も一番の被害者は戦場近辺で暮らす住民たちだった。

魏・呉・蜀で、赤壁の戦いの描かれ方はどう違う？

魏・呉・蜀の史書は何を語るか

２０８年の赤壁の戦いは孫権・劉備連合軍の勝利、曹操軍の敗北に終わった。兵の人数で圧倒的に勝る曹操軍の敗因について、『演義』を見る限りは火攻めが決め手になったかのように思える。だが、本当にそれが主因なのか。『正史』の記述から戦いの実像に迫ってみよう。

前にも述べたように、『正史』は「魏書」「呉書」「蜀書」からなり、赤壁の戦いについて読み比べると、微妙な違いがあることがわかる。

まずは「魏書」の「武帝紀」を見ると、「曹操は赤壁に到着し、劉備と戦ったが負け戦となった。そのとき疫病が大流行したため、官吏士卒の多数が死んだ。そこで軍を引き揚げ帰還した」とあり、立て直しを図ろうとしたが、疫病の流行により断念せざるをえなかったとの表現になっている。

つぎに「呉書」の「呉主伝」には、「周瑜と程普とが左右の督（司令官）となり、それぞれに1万人からなる軍を指揮し、劉備と共同して軍を進めると、赤壁で敵と遭遇し、曹操の軍を徹底的に打ち破った。曹操は残った船に火をつけ、兵をまとめて撤退した。士卒たちは飢えて病気にかかり、その大半が死亡した」と、船に火をつけたのは曹操軍自身であって、疫病の流行は撤退後のことと記されている。

同じく「呉書」の「周瑜伝」には、「孫権は周瑜や程普らを派遣して、劉備と協同しつつ曹操を迎え撃たせ、両軍は赤壁で衝突した。このとき曹操軍の中では疫病が発生していたため、最初の交戦で曹操軍は敗退し、兵を引いて長江の北側に軍営を置いた。周瑜たちは南岸にあった」という記述に続いて、黄蓋の進言に従い、投降を装った火攻めを敢行したところ、「折しも強風が猛り狂い、すべての船に火が移って、岸部にある軍営にまで延焼した。やがて煙と炎とが天にみなぎり、人や馬の焼死・溺死するものはおびただしい数にのぼり、曹操の軍勢は敗退して、引き返して南郡に立て籠もった」とあり、曹操軍の船を焼いたのは孫権軍となっている。

そして「蜀書」はどうかといえば、「先主伝」には、「孫権は周瑜・程普ら水軍数万を送って、先主と力を合わせ、曹操と赤壁において戦い、大いにこれを打ち破って、その軍船を燃やした。先主と呉軍は水陸並行して進み、追撃して南郡に到着した。このときまた流行病が広がり、曹操軍に多数の死者が出たため、曹操は撤退して許に帰った」とあり、「諸葛亮伝」には、「孫権は大いに喜び、周瑜・程普・魯粛ら水軍3万を派遣し、諸葛亮について先主のもとへ行かせ、力を合わせて、曹操軍を防がせた。曹操は赤壁で敗北し、軍勢を引き上げて鄴に帰った」とある。劉備軍と孫権軍の共同作戦というところに力点が置かれている。

撤退の決め手は船を焼かれたことか、疫病の蔓延か

以上を総合すると、曹操軍の船団が焼けたのは事実だが、それが火攻めによるのか孫権軍に利用されぬようみずから焼いたのかは判別できない。後者だとすれば、撤退の決め手は相次ぐ敗北にあったのか疫病の流行にあったのかもしれない。

実際に赤壁の地に立つと対岸の烏江が見えるか見えないかの距離にあることがわかる。火攻めを成功させるには東南の強風が不可欠であったが、赤壁の戦いがあった冬季は完全に逆風だった。しかし、ほんの数日の限られた時間だけ、山にぶつかった風が跳ね返り、強い東南の風が吹く。周瑜は近隣の住民からその情報を得ていたからこそ、火攻めの決行

に踏み切ったのだと言われている。

また裴松之が注に引く「江表伝」からの引用には、「劉備は周瑜を傑物だと考えたけれども、内心では周瑜が必ず曹操軍を撃破できるものとはまだ信じていなかった。だからちぐはぐな感じで後方におり、2000人の兵を率いて関羽・張飛とともに動かず、思い切って周瑜に関わろうとしなかった」とあるが、「江表伝」が孫呉を贔屓する書物なだけに、その内容は割引いて見なければならない。同盟を結びながら、模様眺めに終始するなどあまり現実的とは思えないからだ。それまでの劉備の戦いからしても、これが史実である可能性は低いと言わざるをえない。

赤壁古戦場跡に建つ拝風台

結果的に命取りになった関羽の北伐は、実は合理的だった？

諸葛亮の戦略に反した関羽の行動

２１９年秋には関羽は江陵（現在の湖北省荊州市）から北進を始め、樊城を包囲したとき、曹操は驚き慌て、都をどこかよそへ移そうとまで口にした。このため関羽の進軍は曹魏の中枢部を標的にした北伐と考えられてきたが、周囲の状況を見ると、辻褄の合わないことが多すぎる。

そもそも諸葛亮が劉備に提示した策では、「天下にいったん変事があれば、一人の上将に命じて荊州の軍を宛・洛（現在の河南省）に向かわせ、将軍ご自身は益州の軍勢を率いて秦川（現在の陝西省中部）に出撃」とあり、たしかに宛で曹魏に対する反乱が起きてはいたが、劉備にはまったく呼応する動きが見られなかった。「諸葛亮伝」はこの時の彼についても何も語らず、張飛は巴西太守に任じられたばかり、趙雲はどこで何の任に就いていたかさえわからない。

劉備ではなく孫権に呼応してもらう手もあったはずだが、孫権側から持ちかけられた婚姻を関羽が無下に拒絶したことから、孫権にはどんなに哀願されても関羽の手助けをする気持ちなどなかった。

それだと関羽は単独で軍事行動に出たことになるが、それは危険極まりない行為だった。戦線が伸び切ればいつ補給路を断たれるか知れず、そうなれば大敗は目に見えていたからだ。関羽はなぜ無謀な作戦行動に打って出たのか。

この謎は関羽の軍事行動を洛陽と許の攻略を意図した北伐と見るからおかしくなるわけで、その足場づくりのための樊城と宛の攻略と見れば、大幅に疑問が薄れる。曹操の過剰反応が誤解を招く要因というわけだ。

関羽には洛陽まで進軍する予定はなかった

劉備が漢中王に即位した219年7月、関羽は前将軍に任じられ、専行権のしるしである節と鉞を貸し与えられているが、少なくとも関羽の側ではこれを時機到来と判断したなら独断で専行を許すとのメッセージを受け取った。だから宛の守将である侯音とひそかに連絡を取って内応を促し、侯音が南陽太守を捕らえ、宛に立て籠もるのと時期を合わせて樊城を攻略し、宛と樊城まで最前線を押し上げようと図った。宛と樊城は50キロメートルほどしか離れていないから、容易に助け合うことができる。つまり関羽の軍事行動は北伐ではありながら、一気に曹魏政権の中枢を狙ったわけではなく、限定的なものだったということである。

劉備と諸葛亮は限定的な北伐であれば関羽軍だけで十分との判断から、目立った動きを見せなかった。関羽が苦戦するようであれば陽動なり援軍を送るつもりでいたが、関羽軍が瞬く間に樊城城下まで達し、救援に駆け付けた于禁・龐徳の軍を壊滅させ、2将を捕えたことから緊張の糸もほぐれ、事態を楽観視してしまった。関羽は自尊心が強いから、援軍要請があるまで目立った動きをしないのが得策との判断も働いたのかもしれない。

だが、結果として見れば、劉備の関羽に対する信頼の厚さが関羽の命取りになった。諸葛亮も関羽の自尊心を気にするあまり、大局的見地からの対応を怠ったという点で責任を免れない。

それに加え、孫権の裏切りを予測しえなかったことも大きな失策であった。孫呉政権の内情に疎く、魯粛の死後、その後釜となった呂蒙について情報収集を怠ったことも大きな

皇帝になった劉備の出陣を、なぜ諸葛亮は止めなかったか

劉備自身が総大将に立った理由

帝位についてからわずか3か月後の221年7月、劉備は関羽の仇を討つためにみずから東征に乗り出した。『演義』によれば、率いる兵数は総勢70万人。公称ではあろうが、蜀漢としては未曽有の大軍であったに違いない。

一方では、従う諸将が呉班・馮習・陳式・張南と、初めて耳にする者ばかり。張飛と黄忠はすでに亡く、趙雲と馬超・魏延は要衝の守りから外せないとあってはやむないところだが、主だった武将たちの顔ぶれが軍勢の規模に相応しからず、小粒にすぎる感は否めなかった。

せめて優秀な軍師が従っていればよかったのだが、馬氏兄弟のなかでもっとも優秀と言われた馬良は荊蛮と称された異民族を味方につける工作で忙しく、細かな作戦にまで関与する余裕がなかった。

軍師は他にもいたはずだが、どれも諸葛亮や法正とは比較にならず、戦場経験の豊富さを自負する劉備を前にしては、その作戦の否定、その意向に反する献策のできる者などいなかったのではなかろうか。

諸葛亮もそうなることを予測していたはずだが、なぜ東征を、そして劉備自身が総大将を務めることを阻止できなかったのか。曹操と孫権はそれなりの地位についてからは、最初から軍の先頭に立つことはなく、要請に応じてはじめて腰を上げたというのに。

その答えは劉備と関羽の関係の深さと劉備個人の性格に求められる。それまでも大局的見地より感情を優先させる行為が多々あったが、このたびの東征も同じで、諸葛亮をもってしても、辞めさせることは不可能だったに違いない。

それに加え、戦局の推移が諸葛亮の予測と違ったことも考えられる。どんなに兵の数が多くとも、優秀な武将を欠いていれば早々に躓き、軍を返さざるをえなくなるではないか。そんな淡い期待があったように見受けられる。

まさかの快進撃で目算が狂ったか？

ところが予想に反して劉備軍は快進撃を続け、長江の中流域にまで達してしまった。そこでようやく前進を阻まれたが、数での優位は揺らいでいない。補給も長江の流れを利用できたので問題はなかった。

これらの限られた情報から推察するに、諸葛亮は劉備の怒りが勝利を重ねるにつれて鎮まり、荊州全域の割譲など孫権から大幅な譲歩を引き出せたところで講和に応じると読んでいたのではあるまいか。

もしそうであれば、諸葛亮の読みは外れたことになる。劉備は大義よりも個人の情を優先させたのだから。孫権の首とまではいかなくとも、直接の仇である呂蒙の首を取らない限り、講和に傾くはずはなかった。

皮肉なことに、当の呂蒙は重病の床にあり、戦場に出られる健康状態になかった。建業に間者を放つか内通者でもいればその情報も得られたであろうが、劉備にはそこまで入念な準備はなく、感情に身を任せてしまっていた。

諸葛亮には兄から情報を得る手段があったのではないかと考える読者もいようが、彼ら兄弟は公私の別をしっかり守っていたので、主君の許可なきやり取りを一切していなかった。仮に呂蒙の情報が入手できたところで劉備の怒りは収まらず、対象を孫権に変えるだけだったと推察される。

劉備と諸葛亮は水魚の交わりではなかった？

劉備が最期に残した言葉

夷陵の戦いで大敗北を喫した劉備は永安（白帝城）まで逃げたところで重態に陥り、成都から諸葛亮を呼び寄せ、後事を託した。

「君の才能は曹丕の十倍はあり、必ず国家を安んじ、最後には大業を成し遂げてくれるはず。もし後継ぎが補佐するに足る人物ならば、これを補佐してやってほしい。才能がなければ、君が国を奪えばよい」

これに対して諸葛亮は涙を流しながら返答した。

「わたくしは心から股肱としての力を尽くし、忠誠の操を捧げましょう。最後には命を捨てる所存です」

これを聞いた劉備は「汝は丞相とともに仕事をし、丞相を父と思って仕えよ」と劉禅を戒めたと、『正史』の「諸葛亮伝」には記されている。

この場面については、諸葛亮に対する劉備の信頼の表われと解釈する向きが多いなか、簒奪など考えるなという警告だったと解釈する研究者もいる。いったい劉備の真意はどこにあったのか。

劉禅はこのとき17歳で、当時の基準に照らせば成人に達しているが、諸葛亮の目をもってしても、君主として相応しいか否か見極めるにはまだ若すぎた。そうであれば諸葛亮は政務一切を取り仕切るしかない。また劉備の遺言にとことん従うなら、劉禅が分別のわかる年齢に達しても退くことなく、命ある限り、自分の代行を務めよということになる。

「水魚の交わり」は欺瞞か本心か？

若き日の諸葛亮は自身を管仲や楽毅になぞらえていた。管仲は春秋五覇の一人に数えられる斉の桓公に宰相として仕え、楽毅は戦国時代に活躍した燕の名将であり、二人とも国家の重鎮ではあったが、君主に取って代わる気など毛頭なかった。諸葛亮が初心を忘れていなければ、君主の補佐役としての自分に満足していたはずで、簒奪など考えるはずがない。

しかし、人間の心というのは歳月とともに変わりうるもの。諸葛亮も人間であれば、生涯にわたって簒奪の心が皆無だったとは言い切れない。

現実として簒奪をすることはなかったのだから、それが野心のなかったことの証拠とも言えるが、劉備の遺言があったからこそ踏み切れなかったという解釈も成り立つ。つまるところ、人間の本心を100パーセント明らかにするなど不可能なことなのだ。

むしろ問題にすべきは劉備が漢帝室の復興に拘らず、諸葛姓による新王朝成立を是認した部分ではないか。蜀漢政権の大義名分は漢帝室の復興にあったはずが、劉備みずからそれを否定するような発言をしたのだから。曹魏政権を倒せるならそれで十分と解釈できる。

後漢から魏への禅譲が行なわれた際、蜀漢には献帝が殺害されたとの誤報が伝えられ、劉備は最後までそれを信じていた。とすれば、大敗北を喫したことでようやく私情に流された自分の過ちとともに、自分には天下統一の実力がないと悟り、一時とはいえ大義を脇へ押しのけたことに対して天罰が下ったと受け取ってもおかしくはない。重病の床についたことで改めて考える時間も生まれ、自分にできないなら劉禅にはなおさら無理との判断から、蜀漢政権としての最重要課題を献帝の仇討へと切り替え、劉禅が器不足であれば、諸葛亮の足を引っ張るだけなので、その場合には諸葛亮による簒奪もやむなし。それが劉備の導き出した結論と解釈するのがもっとも妥当と思われる。

諸葛亮はなぜ実戦経験の乏しい馬謖に大役を任せたのか？

誰もが首をかしげた珍人事

228年春に最初の北伐を開始した諸葛亮は涼州（この時期の同州は現在の甘粛省にほぼ相当）の南安・天水・安定の3郡が呼応したことから、祁山にまで本陣を進めた。対する曹魏では明帝みずからが長安まで出向いて関中の動揺を鎮めるとともに、左将軍の張郃に蜀漢軍の撃破を命じた。

誰を遣わして張郃を迎撃されるか。大方の者は経験豊富な魏延か呉壱が適任と考えていたが、諸葛亮が任じたのは、少なくとも史料からは実戦経験の確認できない馬謖だった。

馬謖は荊州襄陽郡宜城県（現在の湖北省城陽市宜城県）の出身。5人兄弟はみな優秀で、郷里では「馬氏の五常、白眉が最優秀」と言われ、眉の中に白い毛のある馬良がもっとも優れていたが、残念ながら夷陵の戦いで戦死。弟の馬謖は従事（刺史・牧の幕僚秘書）から県令、郡の太守を経て参軍（将軍の幕僚）に取り立てられていた。

劉備は臨終に際して、「馬謖は言葉が実質以上に先行するから、重要な仕事をさせてはいけない」と言い残していたが、裴松之の注にある『襄陽記』からの引用によれば、諸葛亮はしばしば馬謖に意見を求め、夜通し議論し合うことも一度ならず。225年に南征を行なうにあたっても、「心を攻めることを上策とし、城を攻めることを下策とします。心を屈服させる戦いを上策とし、武器による戦いを下策とします」との進言に従っており、それが上手くいったものだから劉備の心配を杞憂としてしまったものと考えられる。

だが、いきなり先鋒を任せるというのは、さすがに暴挙だった。諸葛亮は水路に面した街道上に陣を構えるよう指示していたが、馬謖が陣を構えたのは街亭の山の上。副将として従っていた王平が何度も諫めたにも関わらず、馬謖は聞く耳を持たず。王平はやむなく直属の1000人だけを従え、街道上に陣取った。

果たして張郃軍はやってくると、馬謖の出す命令は支離滅裂で、山上に布陣したため飲み水にも事欠き、馬謖に従っていた将兵はことごとく潰え去り、最後まで軍の体をなしていたのは王平直属の部隊だけで、王平が陣太鼓を鳴らして踏みこたえたことから、張郃は伏兵がいると勘違いして、深追いを断念。王平は敗残兵を収容して帰還することができた。

背後に垣間見える荊州閥と益州閥の葛藤

いくら目をかけていた人材とはいえ、命令違反に加え大敗北が重なっては諸葛亮も軍法に照らした処分を下さないわけにはいかず、生き恥をさらし逃げ帰ってきた馬謖を死刑に処し、全軍に示しをつけるしかなかった。

思えば諸葛亮の第一次北伐は出だしから躓いていた。まさか孟達の寝返り失敗が尾を引いて諸葛亮が人事で判断ミスを犯したとも思えない。実戦経験のない馬謖を先鋒にした理由として考えられるのは、彼が荊州の出身であったことである。

蜀漢政権は荊州出身者と益州出身者とのバランスの上に成り立っていたが、北伐を前にしてそのバランスが大きく崩れようとしていた。諸葛亮としては荊州出身者から馬良に匹敵する人材を急ぎ育てる必要に迫られ、その焦りが馬謖の抜擢という重大なミスにつながったのではあるまいか。諸葛亮の指示通りにやっていれば負けるはずはなく、街亭の戦いは馬謖に花を持たせるためのものになる予定であった。まさか馬謖が自己の才能を過信するあまり、兵法の実戦での応用を誤ったうえに命令違反を犯すなどまったくの想定外で、諸葛亮の人生において最初の大きなミスにほかならなかった。

魏延の策は本当に無謀だったのか？

最短ルートに潜む危険

関羽や張飛ほどではないにしても、魏延が勇猛な武将であることは誰もが認めるところだった。漢中防衛の任を全うした大変な功労者ではあったが、傲慢にすぎるところが大きな欠点だった。彼の前では軍吏の誰もがへりくだるなか、長史（丞相府の副官）の楊儀だけは容赦なく言い返したので、二人の関係は険悪この上なく、決定的な衝突を回避できたのは諸葛亮の威令に加え、司馬の職にあった費禕の調整に負うところが大きかった。

しかし、魏延は諸葛亮に心服していたわけではなく、諸葛亮の立てた作戦計画に不満を抱いていた。裴松之の注にある『魏略』からの引用によれば、大軍による進撃と補給の点を考慮して、平坦な斜谷道にこだわる諸葛亮に対し、魏延はそれとは別に精鋭５０００人と携帯兵糧５０００石を自分に貸し与え、長安まで最短距離の子午道を進撃させてほしいと何度も願い出ていた。

諸葛亮は危険な策であるとして魏延の策を採用しなかったが、果たして魏延の策はそんなに無謀なものだったのか。

同じく『魏略』によれば、長安の鎮守にあたっている夏侯楙は曹操の婿というだけで出世した男で、年若なうえに無策で臆病。自分の軍は10日とかからず長安に到達できるから、その途端に逃げ出すに違いない。城内に残る大官が御史と京兆太守だけとなれば落とすのは容易で、貯蔵庫にある食糧と逃げ出した民家から押収した食糧で自分たちの兵糧は賄える。曹魏が援軍を派遣するまでに20日はかかるから、それだけあれば本隊が斜谷道を通って長安へ先着するに十分なはず、この作戦を決行すれば一度の軍事行動で咸陽以西を平定できるというのが魏延の提示した策だった。

だが、この策には重大な欠陥があった。それは都合の良い仮定の積み重ねがすぎる点で、どれか一つでも予測と違えば、その時点で作戦は失敗に終わり、

秦嶺山脈を貫く陳倉道

精鋭5000人は全滅を免れない。

直線距離は短くとも大変な悪路の子午道を本当に10日以内で踏破できるのか。見張りや守備兵が配置されていれば、その時点で計画は破綻する。

仮に長安城下まで到達できても、夏侯楙が一戦もせずして逃亡するというのも希望的観測にすぎず、籠城戦に持ち込まれれば魏延軍の兵糧が先に尽きて、城外住民から強制徴発せざるをえず、それをすれば人心を失い、住民の心が完全に曹魏へと流れてしまう。それに加え、曹魏軍の派遣準備までに最低20日はかかるというのも希望的観測にすぎなかった。司馬懿が孟達の謀反を事前に平定した前例があるだけに、曹魏側の対応を侮るわけにはいかなかった。

以上を総合すれば、魏延の策は成功の確率が限りなく低く、失敗すれば蜀漢軍は一番の勇将と精鋭5000人を失うことになる。ゆえにそんな冒険的行動を許すわけには断じていかなかった。

劉邦との大きな違い

かつて劉邦（前漢の高祖）は漢中から関中へ進撃するに際して旧道を利用したが、それ

劉邦との大きな違い

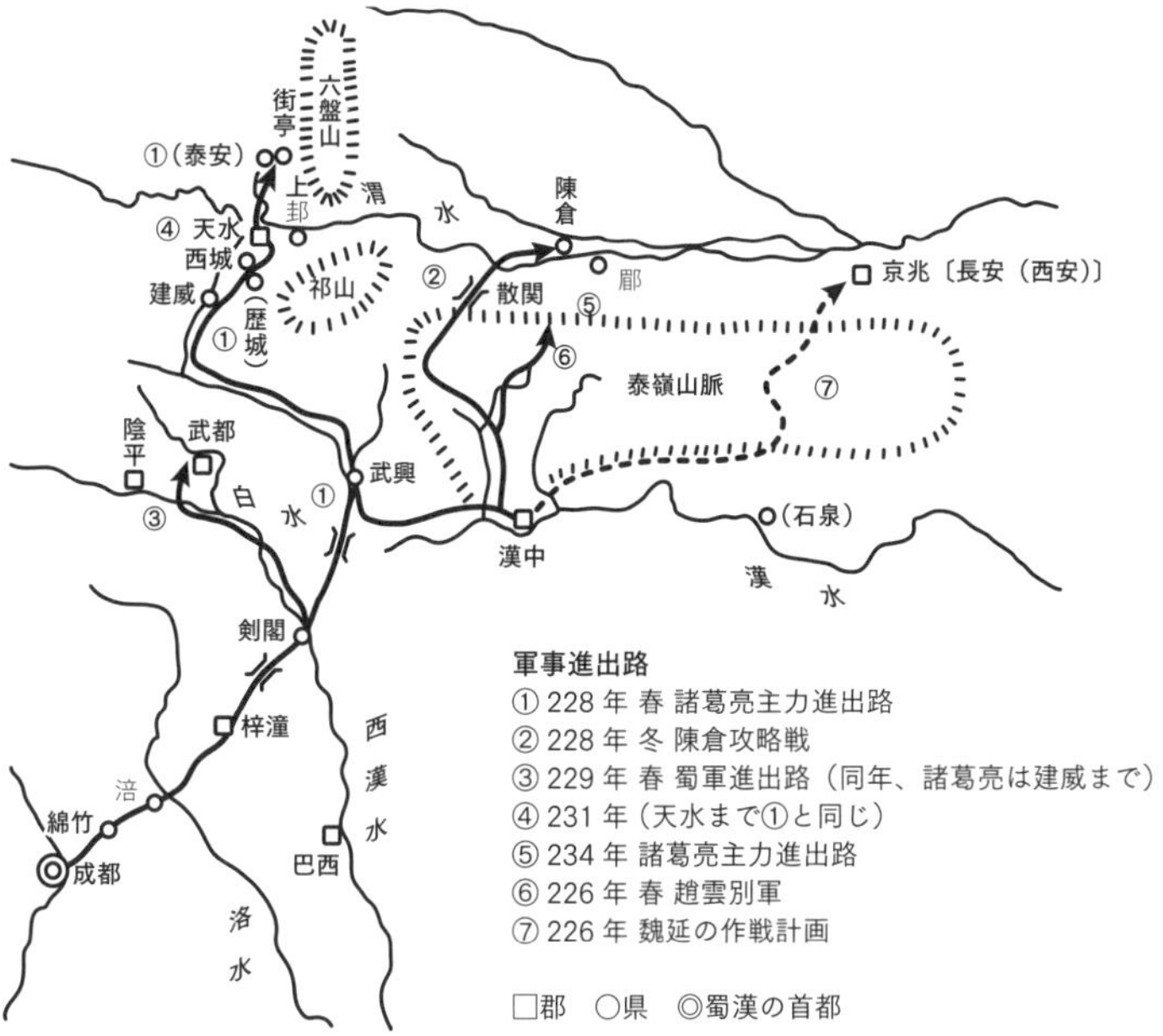

は項羽によって関中に封じられた3人の元秦の将軍たちが人心を得ておらず、逆に項羽より先に咸陽に入城した劉邦が寛大な姿勢を示し、人心を得ていた下地があればこそ成功したわけで、すでに馬超亡き当時、馬岱では知名度が低すぎ、曹魏政権が特に悪政を布いていたわけでもない状況下では、蜀漢軍に対する関中住民の反応は予断を許さなかった。つまり、単純に劉邦の例をなぞったところで成功はおぼつかなかったのである。

そのため諸葛亮としてはやはり、大軍とそれに見合う兵糧を運ぶに適した斜谷道かそれより西の陳倉（現在の陝西省宝鶏市）に出る道を使うしかなかった。子午道を利用するにしても、そこに派遣できるのはせいぜい1000人規模。その部隊を有効活用するには敵軍に察知されず、長安城下まで達せられることが必須条件で、それが叶わなければ精鋭を無駄死にさせるだけだった。

漢中から関中へ抜ける道は何本もあったが、大軍の移動に利用できる道は限られていた。現在の平面地図だけを見ていては理解できないかもしれないが、現実に漢中・関中間を斜めに横断する秦嶺山脈を目にすれば、行軍が容易でなかったことは十分納得できるはずである。

李厳はなぜすぐにばれる嘘をついたのか？

能吏が犯した取り返しのつかない過ち

李厳は荊州北端の南陽郡の出身。劉表の統治下で県令を務めていたが、曹操軍の荊州侵攻を受けて益州に亡命。劉璋の統治下で成都の令を務めて高評価を得て、２１３年には護軍に昇進するが、翌年には迎撃の任務を受けながら、すぐさま劉備に投降。複数の将軍職を歴任するなど劉備からの信頼も篤く、臨終の床にも呼ばれるほどだった。

諸葛亮とともに劉禅を補佐する遺詔を受け、諸葛亮の北伐に際しては漢中の政務と補給に関する一切を任されており、諸葛亮からの信任も篤かったことがうかがえる。

そんな李厳の運勢が暗転したのは２３１年のこと。夏から秋にかけて長雨があったせいで道がぬかるみ、補給の滞る事態が生じた。そのため諸葛亮は祁山から撤退せざるをえなくなったのだが、李厳は撤退の知らせを受けると驚いて見せ、「兵糧は十分足りているはずなのに、どうして帰還するのか」と周囲に語っていた。さらに劉禅に対しても、「軍は退却するふりをして、賊軍を誘い出すつもりです」と偽りの報告をしていた。

けれども、諸葛亮が李厳からの自筆の手紙をすべて保管していたことから、李厳の嘘はたちまちばれて、李厳は庶民の身分に落とされたうえ、流刑に処されることとなった。

歯止めが利かなくなって増長

李厳がなぜすぐにばれる嘘をついたのかは大きな謎であるが、事件後の諸葛亮の上奏では、李厳には前々から国家を憂える態度が見られず、頭にあるのは保身と蓄財と名誉欲ばかり。曹魏で司馬懿が受けているのと同等の扱いを求め、今回の所業もよりよい処遇を求める強欲の表われと断定している。

これが的を射たものかどうかは判断できないが、仮に真実であれば、諸葛亮がなぜそのような人物を重用し、大事な役目を託したのかという疑問が浮かぶ。劉備が亡くなった時点では、いち早く降伏した能吏というので、甘く採点されたのはわかるが、諸葛亮の上奏によれば、その直後から李厳の増長が目立ち始めたとあるから、なおさら不可解である。

曹操は乱世という事情から、有能な人材であれば、不正や不倫を咎めだてしないと明言していたが、諸葛亮も同様の見解を抱いていたということか。

程度の差こそあれ、諸葛亮も少々の不正や強欲には目をつむり、目くじらを立てないようにしていた節がある。李厳が実務能力に秀でていたことは事実で、ただでさえ人材不足に悩まされていた蜀漢政権としては、性根の卑しい人間であろうと、実務能力に長けていれば、引き留めを図る意味から重用せざるをえなかったのであろう。

諸葛亮が北伐を開始するにあたり、李厳に後方を任せたいと願ったときも、李厳は5郡を管轄下とする巴州刺史の職を要求していた。諸葛亮もさすがにこの要求は受け入れられず、李厳の子の李豊を江州都督督軍とすることで代わりとしたが、この人事さえ群臣の大いに訝るところだった。

李厳が本当に上奏にあるような人間であったとしたら、息子が抜擢されたことでますます増長したと言えよう。補給が滞ったのは不可抗力でも、この責任を諸葛亮に転嫁すれば、次からはより大きな譲歩が引き出せるのではないか。諸葛亮のそれまでの態度からすれば、李厳がそう堅く信じて疑わなかったとしてもおかしくはない。

234年、李厳は諸葛亮の訃報に接してまもなく発病して死亡した。諸葛亮が存命である限り、必ず復権の機会があると期待していたのに、人材を見分ける能力のない劉禅では何の希望も持てない。絶望感にとらわれ、生きる気力を失ってしまったのだろう。

主な参考文献

『正史　三国志』全八巻　陳寿著・裴松之注　今鷹真・井波律子・小南一郎訳（ちくま学芸文庫）
『世界歴史体系　中国史』1・2（山川出版社）
『中国民衆反乱史1　秦～唐』谷川道雄・森正夫編（平凡社東洋文庫）
『「三国志」の政治と思想　史実の英雄たち』渡邉義浩著（講談社選書メチエ）
『図解雑学三国志』渡邉義浩著（ナツメ社）
『ひと目でわかる！図解三国志』来村多加史監修・川浦治明著（学研）
『魏晋南北朝』川勝義雄著（講談社学術文庫）
『三国志　演義から正史、そして史実へ』渡邉義浩著（中公新書）
『戦略・戦術・兵器事典1　中国古代編』（学研）
『科挙　中国の試験地獄』宮崎市定著（中公文庫）
『三国志の英傑』竹田晃著（講談社現代新書）
『西晋の武帝　司馬炎』福原啓郎著（白帝社）
『諸葛亮孔明　その虚像と実像』渡邉義浩著（新人物往来社）
『曹操　三国志の奸雄』竹田晃著（講談社学術文庫）

カバーイラスト　shutterstock
本文デザイン・DTP　リクリデザインワークス
写真　島崎晋

著者紹介

島崎晋

1963年東京生まれ。立教大学文学部史学科卒業。旅行代理店勤務、歴史雑誌の編集を経て、現在、世界史を中心に歴史作家として幅広く活躍中。

ここが一番《いちばん》おもしろい！

三国志《さんごくし》　謎《なぞ》の収集《しゅうしゅう》

2019年11月1日　第1刷

著　　者　島崎《しまざき》晋《すすむ》

発行者　小澤源太郎

責任編集　株式会社プライム涌光

電話　編集部　03(3203)2850

発行所　株式会社青春出版社

東京都新宿区若松町12番1号〒162-0056
振替番号　00190-7-98602
電話　営業部　03(3207)1916

印刷・大日本印刷　　製本・ナショナル製本

万一、落丁、乱丁がありました節は、お取りかえします

ISBN978-4-413-11306-9 C0020